코틀린 동시성 프로그래밍

코틀린 동시성 프로그래밍

예제로 배우는 코틀린 동시성

미구엘 엔젤 카스티블랑코 토레스 지음 강인호 · 김동후 옮김

i!i
에이콘

| 지은이 소개 |

미구엘 엔젤 카스티블랑코 토레스 Miguel Angel Castiblanco Torres

미국에 거주하는 소프트웨어 엔지니어다. 글로반트 Globant 에서 풀스택 기술 리더 및 소프트웨어 디자이너로 근무하고 있으며 포브스에서 선정한 세계 기업 브랜드 가치 순위 10위, 신뢰할 만한 기업 순위 5위 안에 속한 회사에서 다수의 프로젝트를 성공적으로 이끌었다.

코틀린의 얼리 어댑터로서 코루틴의 첫 번째 베타 버전의 동시성 기본형 Concurrency Primitive 에 대해 저술했으며, 항상 코틀린의 새로운 기능을 주시하고 있다.

| 기술 감수자 소개 |

피터 소머호프 Peter Sommerhoff

독자들이 끊임없이 배우고 새로운 기술을 숙달하며 궁극적으로 목표에 도달할 수 있게 도와주는 일을 하고 있다. 그의 온라인 학습과정을 통해 프로그래밍 언어, 소프트웨어 디자인, 생산성 향상 등 여러분이 흥미를 가질만한 다양한 내용을 배울 수 있다.

| 옮긴이 소개 |

강인호(innoshome@gmail.com)

개발자로 IT 경력을 시작해서 EnSOA와 티맥스소프트를 거치면서 CBD & SOA 방법론 컨설팅을 수행했다. 오라클에서는 클라우드 네이티브, 컨테이너 네이티브 애플리케이션 개발과 운영을 도우며, 개발자 생태계를 지원하고 소통하는 역할을 하고 있다. 최근에는 머신러닝에도 많은 관심을 갖고 있다.

김동후(donghu.kim@oracle.com)

2001년부터 자바 개발자로 시작해 약 10년 간 엔터프라이즈 프로젝트에서 개발과 기술 아키텍트로 활동했다. 현재는 오라클에서 클라우드와 컨테이너 네이티브 관련 엔지니어로 일하고 있다. 요즘은 하이브리드 모바일 개발과 클라우드 네이티브를 위한 다양한 오픈소스에 관심이 많다.

최신 애플리케이션은 고성능의 멀티 코어 CPU 환경을 최대한 활용하도록 개발되고 있다. 이런 환경에서는 동시성을 제대로 이해하고 고려해야 할 필요가 더욱 절실하다.

코틀린은 2017년 구글이 안드로이드의 개발 언어로 공식 지정한 후, 안드로이드 생태계에서 메인 개발 언어로 자리매김하고 있다. 코틀린은 동시성을 뒷받침하기 위해 다양한 언어적 지원 기능을 제공하고 있다.

기존 Java/Android 동시성 프레임워크가 제공하는 단점들을 코루틴을 통해 훨씬 쉽고 효과적으로 처리할 수 있으며 코틀린이 언어적으로 제공하는 다양한 기본형들을 활용해 넌 블로킹, 비동기 코드를 마치 동기 코드처럼 쉽게 작성할 수 있다.

이 책은 코틀린의 동시성을 학습하기 위해 필요한 코루틴 개념과 동시성 및 병렬성의 차이점을 그림으로 쉽게 설명해, 코틀린에서 멀티스레드 애플리케이션을 만들기 위해 꼭 알아야 하는 기본 개념을 이해할 수 있다. 코틀린의 기본형을 활용하는 실제 예제를 만들어본다. 스레드와 코루틴 간의 통신 방법과 비동기 애플리케이션을 개발하면서 오류와 예외 처리하는 방법을 익히고 멀티 코어 처리를 활용하는 방법도 배울 수 있다. 코틀린의 동시성 프로그램 기법과 동시성의 내부 동작 방식에 대한 이해도를 높일 수 있는 기회가 되리라 기대한다.

원서에서는 코틀린 1.2.50, 코루틴 0.23.3, 안드로이드 스튜디오 3.0.1을 사용했으나, 번역서에서는 최신 버전인 코틀린 1.3.71, 코루틴 1.3.6, 안드로이드 스튜디오 3.6.3을 기준으로 내용과 소스코드 일부를 수정했다.

해당 코드는 에이콘출판사의 도서정보 페이지인 http://www.acornpub.co.kr/book/concurrency -kotlin에서 다운로드할 수 있다.

에이콘출판의 기틀을 마련하신 故 정완재 선생님 (1935-2004)

| 차례 |

지은이 소개 4

기술 감수자 소개 5

옮긴이 소개 6

옮긴이의 말 7

들어가며 19

1장   Hello, Concurrent World!   27

프로세스, 스레드, 코루틴 28

프로세스 28

스레드 29

코루틴 30

내용 정리 35

동시성에 대해 36

동시성은 병렬성이 아니다 39

CPU 바운드와 I/O 바운드 42

CPU 바운드 43

I/O 바운드 44

CPU 바운드 알고리즘에서의 동시성과 병렬성 45

단일 코어에서 실행 45

병렬 실행 46

I/O 바운드 알고리즘에서의 동시성 대 병렬성 46

동시성이 어려운 이유 47

레이스 컨디션 47

원자성 위반 49

교착 상태 51

라이브 락 53

코틀린에서의 동시성		54
넌 블로킹		54
명시적인 선언		55
가독성		57
기본형 활용		58
유연성		58
코틀린 동시성 관련 개념과 용어		59
일시 중단 연산		59
일시 중단 함수		60
람다 일시 중단		60
코루틴 디스패처		61
코루틴 빌더		61
요약		63

2장	**코루틴 인 액션**	65
	안드로이드 스튜디오 다운로드 및 설치	66
	코틀린 프로젝트 생성하기	68
	코루틴 지원 추가하기	71
	안드로이드의 UI 스레드	73
	CallFromWrongThreadException	73
	NetworkOnMainThreadException	74
	백그라운드에서 요청하고, UI 스레드에서 업데이트할 것	74
	스레드 생성	74
	CoroutineDispatcher	75
	디스패처에 코루틴 붙이기	76
	async 코루틴 시작	76
	launch 코루틴 시작	79
	코루틴을 시작할 때 특정 디스패처 사용하기	81
	네트워킹 사용 권한 추가	82
	서비스 호출을 위한 코루틴 생성	83
	UI 요소 추가	85

UI가 블로킹되면 발생하는 일 86

처리된 뉴스의 수량 표시 87

UI 디스패처 사용 88

플랫폼별 UI 라이브러리 88

의존성 추가 88

안드로이드의 UI 코루틴 디스패처 사용 89

요청 보류 여부를 위한 비동기 함수 생성 89

비동기 호출자로 감싼 동기 함수 90

미리 정의된 디스패처를 갖는 비동기 함수 91

유연한 디스패처를 가지는 비동기 함수 93

더 좋은 방식을 선택하기 위한 방법 93

요약 95

3장   라이프 사이클과 에러 핸들링   97

잡과 디퍼드 98

잡 99

예외 처리 100

라이프 사이클 101

잡의 현재 상태 확인 107

디퍼드 107

예외 처리 109

상태는 한 방향으로만 이동 111

최종 상태의 주의 사항 112

RSS – 여러 피드에서 동시에 읽기 112

피드 목록 지원 112

스레드 풀 만들기 114

데이터를 동시에 가져오기 114

응답 병합 115

동시 요청 테스트 117

넌 해피 패스 – 예기치 않은 중단 118

디퍼드가 예외를 갖도록 하기 120

예외를 무시하지 말 것! 122

요약 124

4장   일시 중단 함수와 코루틴 컨텍스트   **127**

RSS 리더 UI 개선 128

각 피드에 이름 부여 128

피드의 기사에 대한 자세한 정보 가져오기 129

스크롤이 가능한 기사 목록 추가 131

기사별 레이아웃 134

정보 매핑을 위한 어댑터 135

ViewHolder 추가 136

데이터 매핑 137

어댑터에 기사를 점진적으로 추가 139

액티비티에 어댑터 연결 139

새 UI 테스트 141

데이터 삭제 142

일시 중단 함수 143

동작 중인 함수를 일시 중단 145

비동기 함수로 레파지토리 작성 145

일시 중단 함수로 업그레이드 147

일시 중단 함수와 비동기 함수 149

코루틴 컨텍스트 150

디스패처 151

CommonPool 151

기본 디스패처 151

Unconfined 152

단일 스레드 컨텍스트 153

스레드 풀 154

예외 처리 155

Non-cancellable 156

컨텍스트에 대한 추가 정보 159

컨텍스트 결합 159

    컨텍스트 조합 159

    컨텍스트 분리 160

withContext를 사용하는 임시 컨텍스트 스위치 161

요약 162

5장   이터레이터, 시퀀스 그리고 프로듀서   **165**

일시 중단 가능한 시퀀스 및 이터레이터 166

값 산출 167

이터레이터 169

    이터레이터와의 상호 작용 170

        모든 요소를 살펴보기 170

        다음 값 가져오기 171

        요소가 더 있는지 검증하기 172

        요소를 검증하지 않고 next() 호출하기 173

        hasNext()의 내부 작업에 대한 참고사항 173

시퀀스 175

    시퀀스와 상호 작용 176

        시퀀스의 모든 요소 읽기 176

        특정 요소 얻기 177

        요소 그룹 얻기 178

    시퀀스는 상태가 없다 179

    일시 중단 피보나치 180

    피보나치 수열 작성 181

    피보나치 이터레이터 작성 183

프로듀서 184

    프로듀서 만들기 185

    프로듀서와 상호작용 186

        프로듀서의 모든 요소 읽기 186

        단일 요소 받기 187

        요소 그룹 가져오기 187

사용 가능한 요소보다 더 많은 요소 사용하기 188

프로듀서를 사용한 일시 중단 피보나치 수열 189

프로듀서 인 액션 190

어댑터에서 더 많은 기사 요청하기 190

온 디맨드 피드를 가져오는 프로듀서 만들기 191

UI의 목록에 기사 추가하기 194

요약 196

6장   채널 – 통신을 통한 메모리 공유   **199**

채널의 이해 200

스트리밍 데이터 사례 201

분산 작업 사례 203

채널 유형과 배압 206

언버퍼드 채널 206

RendezvousChannel 206

버퍼드 채널 208

LinkedListChannel 208

ArrayChannel 210

ConflatedChannel 211

채널과 상호작용 212

SendChannel 213

보내기 전 검증 213

요소 전송 213

요소 제공 214

채널이 열리고 가득 차지 않은 상태 215

ReceiveChannel 215

읽기 전 유효성 검사 216

isClosedForReceive 216

isEmpty 217

채널 인 액션 217

검색 액티비티 추가 217

   search 함수 추가 220

  협업 검색 구현하기 220

   검색 함수 연결 222

   ArticleAdapter 업데이트 223

   결과 보여주기 224

요약 227

7장 스레드 한정, 액터 그리고 뮤텍스   **229**

원자성 위반 230

  원자성의 의미 231

스레드 한정 234

  스레드 한정의 개요 234

  코루틴을 단일 스레드로 한정 234

액터 235

  액터의 역할 235

  액터 생성 235

  액터를 사용한 기능 확장 237

  액터 상호 작용에 대한 추가 정보 239

   버퍼드 액터 239

   CoroutineContext를 갖는 액터 240

   CoroutineStart 240

상호 배제 241

  상호 배제의 이해 241

   뮤텍스 생성 242

  상호 배제와 상호 작용 243

휘발성 변수 244

  스레드 캐시 245

  @Volatile 245

  @Volatile이 스레드 안전 카운터 문제를 해결하지 못하는 이유 245

  @Volatile을 사용하는 경우 246

원자적 데이터 구조 249

액터 인 액션 250

    UI에 라벨 추가 250

    카운터로 사용할 액터 구현 251

    결과 로드 시 카운터 증가 252

    UI가 업데이트에 반응하도록 채널 추가 253

    채널을 통해 업데이트된 값 보내기 253

    변경사항에 대한 UI 업데이트 254

    구현 테스트 255

        카운터 재설정을 위한 액터 확장 255

    새로운 검색 시 카운터 재설정하기 256

요약 257

8장   동시성 코드 테스트와 디버깅   **261**

동시성 코드 테스트 262

    가정을 버려라 263

    나무가 아닌 숲에 집중하라 264

        기능 테스트 작성 264

    테스트에 대한 추가 조언 265

테스트 작성 266

    결함이 있는 UserManager 작성하기 266

    kotlin-test 라이브러리 추가 268

    해피 패스 테스트 추가 269

    에지 케이스를 위한 테스트 271

    문제점 식별 273

    중단 해결 273

    테스트 재시도 274

디버깅 274

    로그에서 코루틴 식별 274

        자동 이름 지정 사용 276

        특정 이름 설정 278

    디버거에서 코루틴 식별 279

        디버거 감시 추가 280

조건부 브레이크 포인트 280

복원력과 안정성 281

요약 282

9장   코틀린의 동시성 내부   285

연속체 전달 스타일 286

연속체 287

suspend 한정자 287

상태 머신 289

라벨 289

연속체 290

콜백 292

라벨 증분 292

다른 연산으로부터의 결과 저장 293

일시 중단 연산의 결과 반환 295

컨텍스트 전환 297

스레드 전환 297

ContinuationInterceptor 297

CoroutineDispatcher 298

DispatchedContinuation 302

DispatchedTask 303

정리 305

예외 처리 305

handleCoroutineException() 함수 305

CoroutineExceptionHandler 306

CancellationException 306

잡 취소 307

플랫폼별 로직 307

요약 308

찾아보기 310

들어가며

프로세서의 코어 속도가 몇 년마다 두 배가 되는 시대는 이미 끝난 지 오래다. 트랜지스터의 크기는 믿기 힘들 수준으로 작아졌다. 트랜지스터가 저렴하고 용이하게 사용돼야 하는 환경에서 가열, 전력소비 등의 기술적 문제와 실용적 난관은 트랜지스터의 속도를 계속 높이는 것을 어렵게 하고 있다. 스마트폰이나 태블릿과 같은 모바일 디바이스의 글로벌 확산을 고려하면 트랜지스터 속도를 높이기는 앞으로 어려울 것이다. 최근 몇 년 전부터는 컴퓨팅 디바이스에 한 개 이상의 코어 프로세서를 장착시켜 속도와 열 그리고 전력소비의 균형을 유지해 디바이스가 동작될 수 있게 하는 데 초점이 맞춰져 있다.

'어떻게 코어를 효율적이고 효과적으로 사용할 것인가'가 도전과제가 됐다. 코어의 속도를 높여 소프트웨어(CPU 바운드 작업) 실행시간이 향상될 수는 있지만 코어나 프로세서가 추가됨에 따라 실행시간이 항상 빨라지지는 않는다. 애플리케이션이 멀티 코어를 효율적으로 이용하려면 멀티 코어를 사용하는 목적이 반영된 애플리케이션 개발이 진행돼야 한다.

동시성은 멀티 코어에서 동작하는 애플리케이션을 지원할 뿐 아니라 IO 바운드 작업에 대해 싱글 코어 환경에서도 싱글 스레드 애플리케이션보다 동작이 빠른 편이다. 다른 작업이 IO 디바이스를 기다릴 때 애플리케이션이 프로세서를 사용할 수 있도록 허용하기 때문이다.

싱글 코어 디바이스와 멀티 코어 디바이스 모두에서 효율적으로 동작할 수 있는 소프트웨어를 개발하는 것은 여러분의 손에 달려 있다. 이 목표를 달성하기 위해 최대한 이해하기 쉬운 표현으로 충분한 정보를 전달하는 것은 저자인 내게 달려 있다. 이를 염두에 두고, 코틀린에 대한 기본적인 지식만 있으면 이해가 가능하도록 이 책을 집필했다. 동시성의 기본적인 개념부터 코루틴이 컴파일되는 세부 방법까지 모든 내용을 담으려

노력했다. 사용자(사람이든 시스템이든)에게 빠르고 신뢰할 수 있는 경험을 제공할 수 있도록 했다.

이 책은 다이어그램, 예시, 실제 유스케이스 등을 사용해 다양한 주제를 상세히 소개한다. 대부분의 장Chapter에서 안드로이드 RSS 리더의 생성과 수정을 다뤘다. RSS 리더는 코틀린 언어에서 제공하는 도구와 기본 요소 그리고 코루틴 라이브러리만을 사용해 개발됐다. 애플리케이션을 생성할 때 코드를 단순 복사하기보다는 직접 입력해보기를 권하며 코드에 의존하지 말고 여러 가지 시도를 해보자. 무언가를 해결하기 위한 방법이 궁금해진다는 것은 뇌가 특정 개념을 어떻게 적용할지 이해하기 시작했음을 의미한다. 작성한 내용이 잘 작동하는지 알기 위해 노력하는 것보다 좋은 일은 없다.

코루틴은 코틀린이 지원하는 모든 플랫폼(JVM, JavaScript, and Kotlin/Native)을 지원하도록 개발되고 있지만 이 책을 쓴 시기에 가장 완벽하게 지원되는 플랫폼은 JVM이어서 JVM 환경에서 제공되는 기술과 구현 방법을 중심으로 저술했다. 하지만 많은 개념과 기본 요소가 JavaScript 환경에서도 유사하게 동작한다고 알고 있고, 일단 구현되면 Kotlin/Native에서도 똑같이 동작하리라 본다.

담지 못한 많은 주제가 있긴 하지만 여러분 스스로 발전하는 데 이 책의 내용이 충분하리라 믿는다. 또한 다양한 동시성 애플리케이션을 개발할 수 있을 것이다.

> 컴퓨터를 단순하게 아는 사람이 아닌 컴퓨터가 어떠한 일을 수행할 수 있는지 잠재력을 아는 이에게 미래를 선사하는 책이다.
>
> — 고든(Gordon)

> 컴퓨터는 그냥 하나의 사물이 아니라 우리가 사물에 도달할 수 있게 하는 것이다.
>
> — 조(Joe)

▌ 대상 독자

동시성과 관련한 일반적인 내용을 배우고 싶거나 특정분야에 코틀린을 적용하려는 코틀린 개발자를 위한 책이다. 기본적인 코틀린 지식만 있으면 이 책을 읽을 수 있다.

▌ 이 책의 구성

1장, Hello, Concurrent World! 동시성을 쉽게 이해할 수 있는 내용 위주로 구성했다. 프로세스와 스레드, 코루틴과 같은 개념으로 시작해서 동시성과 병렬 처리를 비교해 소개한다. 동시성을 코딩할 때 부딪치는 일반적인 난관과 동시성에 대한 코틀린의 접근방식 그리고 이 책에서 전체적으로 등장하는 용어를 소개한다.

2장, 코루틴 인 액션 코루틴을 개발하는 첫 번째 실습으로 안드로이드 프로젝트를 생성한다. 이를 통해 코루틴으로 네트워킹하는 방식과 비동기 작업을 위한 유형의 다양한 방식과 각 방식의 장점, 저자가 추천하는 방식을 설명한다.

3장, 라이프사이클과 에러 핸들링 3장은 코루틴의 라이프 사이클과 코루틴을 사용할 때 발생할 수 있는 오류의 해결방법을 먼저 소개하고, 2장에서 생성한 RSS 리더에 에러 핸들링을 추가해 실제 오류를 어떻게 처리하는지 설명한다.

4장, 일시중단 함수와 코루틴 컨텍스트 4장은 코루틴의 필수 컨텍스트와 코루틴이 동작을 정의하고 수정하는 설정을 소개한다. 코루틴의 스레드의 정의와 에러 핸들링에 필요한 컨텍스트를 다룬다.

5장, 이터레이터, 시퀀스 그리고 프로듀서 5장에서는 데이터 소싱 및 처리를 일시 중단하는 데 사용하는 기본형^{primitives}들을 소개한다. 언제, 어떻게, 기본형을 사용해야 하는지와 온 디맨드 데이터 로딩을 구현하는 방식을 상세히 살펴본다.

6장, 채널, 통신을 통한 메모리 공유 6장은 매우 중요한 채널의 개념을 설명하고 있다. 다양한 유형의 유스케이스와 차이점으로 시작해서 애플리케이션 개발 방식을 설명하며, RSS 피드 그룹에서 채널을 이용해 어떻게 동시 검색할 수 있는지 살펴본다.

7장, 스레드 한정, 액터 그리고 뮤텍스 원자성 위반이나 레이스 컨디션과 같은 에러를 방지하기 위해 사용되는 세 개의 코루틴 프레임워크 도구를 소개한다. 또한 동시성 코드를 작성할 때 기초가 되는 스레드 한정과 액터 그리고 뮤텍스에 대해 배울 수 있다.

8장, 동시성 코드 테스트와 디버깅 테스트를 어떻게 최대한 활용할 수 있는지 다룬다. 기능 테스트 및 동시성 코드를 테스트할 수 있는 세 개의 구간, 프로젝트 설정을 통해 로그를 활용하는 방법을 알아본다. 다른 스레드 또는 코루틴에서 발생하는 노이즈를 피하기 위한 동시성 코드를 디버그하는 방법을 살펴본다.

9장, 코틀린의 동시성 내부 실행 단계에서의 일시 중단 함수와 스레드 시행 그리고 예외 핸들링을 분석한다. 컴파일러의 역할과 stdlib 및 코루틴 라이브러리에 존재하는 여러 개의 클래스를 구현하는 방법을 설명하고 있어서 내부 동작 방식을 상세히 이해할 수 있다.

▌ 준비사항

동시성의 모든 개념과 기본형 그리고 코드를 매우 상세히 설명하고 있어서 코틀린에 대한 기본 지식이 필요하다. 가령 변수와 클래스를 생성하는 방법과 람다^{Lambda}가 무엇인지 알아야 한다.

동시성을 소개하고 코틀린 관점에서 어떻게 동시성에 접근해야 하는지 다루고 있다. 동시성 자체를 몰라도 내용을 이해하는 데는 문제가 없을 것이다.

이 책에 포함된 예제 코드를 최대한 상세히 읽기를 권하며, 안드로이드 애플리케이션을 생성하는 실습도 확실하게 따라 해주기 바란다. 시간을 충분히 활용해 연습하면 배우는 데 훨씬 도움이 될 것이다.

- **개발 환경**: IntelliJ IDEA Community 버전 18.01 또는 최신 버전이 필요하다. 2장에서 안드로이드 스튜디오 3.1의 설치 방법을 다루기 때문에 RSS 리더의 개발 또한 따라해 볼 수 있다.

- **버전 업데이트**: 원서에서는 코틀린 1.2.50, 코루틴 0.23.3, 안드로이드 스튜디오 3.0.1을 사용했으나 한국어판에서는 최신 버전인 코틀린 1.3.71, 코루틴, 1.3.6, 안드로이드 스튜디오 3.6.3을 기준으로 내용과 소스코드의 일부를 수정했다.

▮ 예제 코드 다운로드

한국어판 내용에 맞춰 수정한 예제 코드는 에이콘출판사의 도서정보 페이지인 http://www.acornpub.co.kr/book/concurrency-kotlin에서 다운로드할 수 있다.

원서에 사용된 예제 코드는 http://www.packtpub.com/support를 방문해 이메일을 등록하면 직접 다운로드할 수 있으며, 이 링크를 통해 원서의 Errata도 확인할 수 있다

▮ 편집 규약

이 책에서는 다음과 같은 규칙을 사용했다.

1. 코드, 인터페이스, 모듈명, 클래스명을 나타낼 때 사용한다.
   예시: "hcf() 함수는 시스템을 멈추게 한다."

2. 블록의 코드는 다음과 같다.

```
fun main(args: Array<String>) = runBlocking {
    val time = measureTimeMillis {
        val name = async { getName() }
        val lastName = async { getLastName() }

        println("Hello, ${name.await()} ${lastName.await()}")
    }
    println("Execution took $time ms")
}
```

3. 코드 블록 중 강조하기 위한 특정 부분은 '굵게' 표시했다.

```
fun main(args: Array<String>) = runBlocking {
    val netDispatcher = newSingleThreadContext(name = "ServiceCall")

    val task = launch(netDispatcher) {
        printCurrentThread()
    }

    task.join()
}
```

4. 새로운 용어나 중요한 단어도 굵게 표시했다.

5. 주의사항과 팁

주의사항이나 중요한 내용은 이와 같이 나타낸다.

유용한 팁이나 요령은 이와 같이 나타낸다.

▌ 정오표

정확한 내용을 위해 주의를 기울였지만 오류가 있을 수 있다. 만약 오류를 발견한다면 www.packtpub.com/submit-errata에 방문해 책을 선택한 다음 Errata Submission Form 링크를 클릭해 내용을 입력하면 된다.

한국어판 정오표는 http://www.acornpub.co.kr/book/concurrency-kotlin에서 확인할 수 있다.

▌ 저작권 침해

인터넷상에서 어떤 형태로든 불법 복제물을 발견하면 주소나 웹사이트 이름을 링크와 함께 copyright@packtpub.com로 알려주기 바란다.

▌ 질문

독자의 의견은 언제나 환영한다. 메일 제목에 책 제목을 명시해 feedback@packtpub.com으로 의견을 보낼 수 있다. 책과 관련해 질문이 있다면 questions@packtpub.com으로 메일을 보내주기 바란다.

한국어판에 관한 질문은 이 책의 옮긴이나 에이콘출판사 편집팀(editor@acornpub.co.kr)으로 문의하면 된다.

Hello, Concurrent World!

1장에서는 동시성이 무엇인지, 코틀린이 동시성 문제를 어떻게 다루는지 소개한다. 처음으로 코루틴을 사용한 비동기 코드를 살펴보고 이 책의 전반에 걸쳐서 코틀린 동시성에 관련된 키워드와 기본형primitives과 함수를 설명한다. 예시로 제공되는 코드를 잘 이해하려면 코틀린 지식이 어느 정도 필요하다.

1장에서 다루는 주제는 다음과 같다.

- 프로세스, 스레드, 코루틴 및 이들의 관계
- 동시성 소개
- 동시성 대 병렬성
- CPU 바운드 및 I/O 바운드 알고리즘(CPU 집중 및 I/O 집중 알고리즘)

- 동시성이 망설여지는 이유
- 코틀린의 동시성
- 개념과 용어

▌ 프로세스, 스레드, 코루틴

애플리케이션을 시작할 때 운영체제는 프로세스를 생성하고 여기에 스레드를 연결한 다음, 메인 스레드main thread로 알려진 해당 스레드를 시작한다. 프로세스, 스레드 및 코루틴 간의 관계를 자세히 설명할 텐데 동시성을 이해하고 구현하는 데 반드시 알아둬야 할 요소들이다.

프로세스

프로세스는 실행 중인 애플리케이션의 인스턴스다. 애플리케이션이 시작될 때마다 애플리케이션의 프로세스가 시작된다. 프로세스는 상태를 갖고 있다. 리소스를 여는 핸들, 프로세스 ID, 데이터, 네트워크 연결 등은 프로세스 상태의 일부이며 해당 프로세스 내부의 스레드가 액세스를 할 수 있다.

애플리케이션은 여러 프로세스로 구성될 수 있다. 인터넷 브라우저같은 경우도 여러 프로세스로 구성된다. 그러나 다중 프로세스 애플리케이션을 구현하는 데는 이 책의 범위를 벗어나는 다양한 문제가 있다. 단일 프로세스에서 실행되지만 하나 이상의 스레드를 실행하는 애플리케이션의 구현에 한해서만 다룬다.

스레드

실행 스레드는 프로세스가 실행할 일련의 명령을 포함한다. 따라서 프로세스는 최소한 하나의 스레드를 포함하며 이 스레드는 애플리케이션의 진입점^{entry point}을 실행하기 위해 생성된다. 보통 진입점은 애플리케이션의 main() 함수이며 메인 스레드라 하는데 프로세스의 라이프 사이클과 밀접하게 연관된다. 스레드가 끝나면 프로세스의 다른 스레드와 상관없이 프로세스가 종료된다. 그 예를 살펴보자.

```
fun main(args: Array<String>) {
    doWork()
}
```

기본적인 애플리케이션이 실행되면 main() 함수의 명령 집합이 포함된 메인 스레드가 생성된다. doWork()은 메인 스레드에서 실행되므로 doWork()이 종료되면 애플리케이션의 실행이 종료된다.

각 스레드는 스레드가 속한 프로세스에 포함된 리소스를 액세스하고 수정할 수 있지만 스레드 로컬 스토리지^{thread local storage}라는 자체 저장소도 갖고 있다.

스레드 안에서 명령은 한 번에 하나씩 실행돼 스레드가 블록^{block}되면 블록이 끝날 때까지 같은 스레드에서 다른 명령을 실행할 수 없다. 그러나 많은 스레드가 같은 프로세스에서 생성될 수 있으며 서로 통신할 수 있다. 따라서 애플리케이션이 사용자 경험^{UX}에 부정적인 영향을 미칠 수 있는 스레드는 블로킹하지 않아야 한다. 블로킹할 때는 블로킹 작업을 별도의 전용 스레드에 할당해야 한다.

그래픽 사용자 인터페이스^{GUI} 애플리케이션에는 UI 스레드가 있다. UI 스레드는 사용자 인터페이스를 업데이트하고 사용자와 애플리케이션 간의 상호작용을 리스닝^{listen}하는 일을 한다. 스레드를 블록하면 애플리케이션이 UI를 업데이트하거나 사용자로부터 상호작용을 수신하지 못하도록 방해한다. GUI 애플리케이션은 애플리케이션의 응답성을 항상 유지하기 위해서 UI 스레드를 블록하지 않는다.

예컨대 안드로이드 3.0 이상에서는 UI 스레드에서 네트워킹 작업을 하면 애플리케이션이 중단된다. 네트워킹 작업이 스레드를 블로킹한다는 점을 감안해서 개발자가 이를 수행하지 못하도록 하기 위함이다.

이 책에는 GUI 애플리케이션의 메인 스레드를 UI 스레드나 메인 스레드(안드로이드에서는 기본적으로 메인 스레드가 UI 스레드이므로), 커맨드 라인 애플리케이션의 경우는 메인 스레드라고만 언급할 것이다. 이 두 스레드 외에 다른 스레드는 백그라운드 스레드로 설명하고 백그라운드 스레드 간의 구분이 필요할 때 명확히 하기 위해서 고유한 식별자를 사용하겠다.

코틀린이 동시성을 구현한 방식을 보면 여러분이 직접 스레드를 시작하거나 중지할 필요가 없다는 것을 알게 된다. 한두 줄의 코드로 코틀린이 특정 스레드나 스레드 풀을 생성해서 코루틴coroutin을 실행하도록 지시하기만 하면 된다. 스레드와 관련된 나머지 처리는 프레임워크에 의해 수행된다.

 3장. '라이프사이클과 오류 처리'에서 메인 스레드가 블로킹되지 않도록 백그라운드 스레드에서 코루틴을 올바르게 실행하는 방법을 익힌다.

코루틴

코틀린 문서에서는 코루틴을 경량 스레드라고도 한다. 대부분의 스레드와 마찬가지로 코루틴이 프로세서가 실행할 명령어 집합의 실행을 정의하기 때문이다. 또한 코루틴은 스레드와 비슷한 라이프 사이클을 갖고 있다.

코루틴은 스레드 안에서 실행된다. 스레드 하나에 많은 코루틴이 있을 수 있지만 주어진 시간에 하나의 스레드에서 하나의 명령만이 실행될 수 있다. 즉 같은 스레드에 10개의 코루틴이 있다면 해당 시점에는 하나의 코루틴만 실행된다.

스레드와 코루틴의 가장 큰 차이점은 코루틴이 빠르고 적은 비용으로 생성할 수 있다는 것이다. 수천 개의 코루틴도 쉽게 생성할 수 있으며, 수천 개의 스레드를 생성하는 것보다 빠르고 자원도 훨씬 적게 사용한다.

다음 코드를 살펴보자. 아직 이해되지 않는 부분은 걱정하지 않아도 된다.

```
suspend fun createCoroutines(amount: Int) {
    val jobs = ArrayList<Job>()
    for (i in 1..amount) {
        jobs += launch {
            delay(1000)
        }
    }
    jobs.forEach {
        it.join()
    }
}
```

함수는 파라미터 amount에 지정된 수만큼 코루틴을 생성해 각 코루틴을 1초 간 지연시킨 후 모든 코루틴이 종료될 때까지 기다렸다가 반환한다. 예를 들어 이 함수는 수량amount을 10,000으로 설정해서 호출될 수 있다.

```
fun main(args: Array<String>) = runBlocking {
    val time = measureTimeMillis {
        createCoroutines(10_000)
    }
    println("Took $time ms")
}
```

> **TIP**
>
> measureTimeMillis()는 코드 블록을 갖는 인라인 함수이며 실행 시간을 밀리초(ms)로 반환한다.
>
> measureTimeMillis()에는 자매 함수(sibling function)인 measureNanoTime()이 있으며, 시간을 나노초 단위로 반환한다. 두 함수 모두 코드의 실행 시간을 대략적으로 예측할 때 매우 유용하다.

테스트 환경에서 amount를 10,000으로 실행할 때 약 1,160ms가 걸리는데 반해 100,000으로 실행하는 데 1,649ms가 소요됐다. 코틀린은 고정된 크기의 스레드 풀을 사용하고 코루틴을 스레드들에 배포하기 때문에 실행 시간이 매우 적게 증가한다. 따라서 수천 개의 코루틴을 추가하는 것은 거의 영향이 없다. 코루틴이 일시 중단되는 동안(이 경우에는 delay( )를 호출했기 때문에) 실행 중인 스레드는 다른 코루틴을 실행하는 데 사용되며 코루틴은 시작 또는 재개될 준비 상태가 된다.

Thread 클래스의 activeCount() 메소드를 활용하면 활성화된 스레드 수를 알 수 있다. 예를 들어 main() 함수를 업데이트해 다음 작업을 수행한다.

```
fun main(args: Array<String>) = runBlocking {
    println("${Thread.activeCount()} threads active at the start")

    val time = measureTimeMillis {
        createCoroutines(10_000)
    }
    println("${Thread.activeCount()} threads active at the end")
    println("Took $time ms")
}
```

이전과 같은 테스트 환경에서 10,000개의 코루틴을 생성하기 위해서 4개의 스레드만 생성하면 된다.

그러나 createCoroutines()에 amount값을 1로 낮추면 다음과 같은 두 개의 스레드만
생성된다.

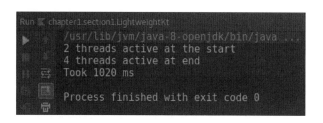

> ℹ️ 애플리케이션을 시작할 때 이미 두 개의 스레드가 있음을 주의하자. IntelliJ IDEA에서 애플
> 리케이션을 실행할 때 생성되는 Monitor Control+Break라는 스레드 때문이다. 스레드는
> 실행 중인 모든 스레드의 정보를 덤프(dump)하는 단축키인 Control+Break 처리를 담당한
> 다. 코드를 커맨트 라인에서 실행하거나 IntelliJ에서 디버그 모드로 실행하면 시작 부분에는
> 스레드가 하나만 표시되고 끝에는 다섯 개가 표시된다.

코루틴이 특정 스레드 안에서 실행되더라도 스레드와 묶이지 않는다는 점을 이해해야
한다. 코루틴의 일부를 특정 스레드에서 실행하고, 실행을 중지한 다음 나중에 다른 스
레드에서 계속 실행하는 것이 가능하다. 이전 예제에서도 일어났던 것으로 코틀린이 실
행 가능한 스레드로 코루틴을 이동시키기 때문이다. 가령 createCoroutines()에 amount
를 3으로 하고, launch() 블록을 다음과 같이 변경해서 현재 실행 중인 스레드를 출력시
키면 실제 내부에서 일어나는 일을 볼 수 있다.

```
suspend fun createCoroutines(amount: Int) {
    val jobs = ArrayList<Job>()
    for (i in 1..amount) {
        jobs += launch {
            println("Started $i in ${Thread.currentThread().name}")
            delay(1000)
            println("Finished $i in ${Thread.currentThread().name}")
        }
    }
    jobs.forEach {
        it.join()
    }
}
```

다른 스레드에서 다시 시작하는 경우가 많음을 알게 될 것이다.

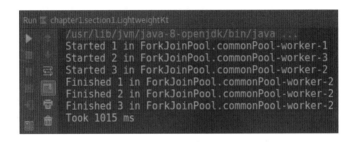

스레드는 한 번에 하나의 코루틴만 실행할 수 있기 때문에 프레임워크가 필요에 따라 코루틴을 스레드들 사이에 옮기는 역할을 한다. 코틀린은 개발자가 코루틴을 실행할 스레드를 지정하거나 코루틴을 해당 스레드로 제한할지 여부를 지정할 수 있을 만큼 충분히 유연하다.

 4장, '일시 중단 함수와 코루틴 컨텍스트'는 코루틴이 시작된 것과 다른 스레드에서 코루틴을 재개하는 방법을 설명하고 있으며 7장, '스레드 한정, 액터, 뮤텍스'는 스레드 한정에 관해 자세히 다룬다.

내용 정리

지금까지 애플리케이션이 하나 이상의 프로세스로 구성돼 있고 각 프로세스가 하나 이상의 스레드를 갖고 있음을 배웠다. 스레드를 블록한다는 것은 그 스레드에서 코드의 실행을 중지한다는 의미인데, 사용자와 상호작용하는 스레드는 블록되지 않아야 한다. 코루틴이 기본적으로 스레드 안에 존재하지만 스레드에 얽매이지 않은 가벼운 스레드라는 것을 알게 됐다.

지금까지 설명한 내용을 그림으로 정리했다. 각 코루틴이 특정 스레드에서 시작되지만 어느 시점이 지나 다른 스레드에서 다시 시작되는 점을 확인할 수 있다.

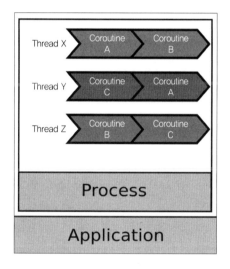

동시성은 애플리케이션이 동시에 한 개 이상의 스레드에서 실행될 때 발생한다. 동시성이 발생하려면 두 개 이상의 스레드가 생성돼야 하며, 애플리케이션이 제대로 작동하려면 이런 스레드 간의 통신과 동기화가 필요하다.

 이 장의 후반부에서는 동시성과 병렬성의 차이를 설명하겠다.

동시성에 대해

올바른 동시성 코드는 결정론적[1]인 결과를 갖지만 실행 순서에서는 약간의 가변성을 허용하는 코드다. 그러려면 코드의 서로 다른 부분이 어느 정도 독립성이 있어야 하며 약간의 조정도 필요하다. 동시성을 이해하는 가장 좋은 방법은 순차적인 코드를 동시성 코드와 비교하는 것이다. 먼저 비동시성 코드를 살펴본다.

```kotlin
fun getProfile(id: Int) : Profile {
    val basicUserInfo = getUserInfo(id)
    val contactInfo = getContactInfo(id)

    return createProfile(basicUserInfo, contactInfo)
}
```

만약 여러분에게 사용자 정보UserInfo와 연락처 정보ContactInfo중 어느 정보를 먼저 얻게 될 것인지(예외가 발생하지 않는 경우)를 묻는다면, 대부분 사용자 정보가 먼저 검색될 거라고 답하리라 생각한다. 여기서 가장 중요한 것은 사용자 정보가 반환되기 전까지 연락처 정보를 요청하지 않는다는 사실이다.

getProfile의 타임라인

이것이 순차 코드의 장점이다. 정확한 실행 순서를 쉽게 알 수 있어서 예측하지 못한 일이 벌어지지는 않을 것이다. 그러나 순차 코드에는 두 가지 큰 문제점이 있다.

---

1 특정 입력이 들어오면 언제나 똑같은 과정을 거쳐서 항상 똑같은 결과를 내놓는다. – 옮긴이

- 동시성 코드에 비해 성능이 저하될 수 있음
- 코드가 실행되는 하드웨어를 제대로 활용하지 못할 수 있음

getUserInfo와 getContactInfo 둘 다 웹 서비스를 호출하고, 각 서비스는 응답을 반환하는 데 1초 정도 소요된다고 하자. 즉 getProfile은 항상 2초 이상 걸릴 것이다. getContactInfo는 getUserInfo에 의존하지 않아 보이므로 이들을 동시에 호출해서 getProfile의 실행 시간을 절반으로 줄일 수 있을 것이다.

getProfile의 동시성 구현에 관해 살펴보자.

```kotlin
suspend fun getProfile(id: Int) {
    val basicUserInfo = asyncGetUserInfo(id)
    val contactInfo = asyncGetContactInfo(id)

    createProfile(basicUserInfo.await(), contactInfo.await())
}
```

변경된 버전에서는 getProfile()은 일시 중단 함수suspend function로서 정의에 suspend 수식어가 있음을 알 수 있으며, asyncGetUserInfo() 및 asyncGetContactInfo()의 구현은 비동기다. 두 함수는 예제를 단순화하기 위해서 별도로 표시하지는 않았다.

asyncGetUserInfo()와 asyncGetContactInfo()는 서로 다른 스레드에서 실행되도록 작성됐기 때문에 동시성이라고 한다. 지금은 두 함수가 동시에 실행된다고 생각해보자. 나중에 꼭 그렇지만은 않음을 알게 되겠지만 지금은 동시에 실행된다고 가정하자.

asyncGetContactInfo()의 실행이 asyncGetUserInfo()의 완료에 좌우되지 않으므로 웹 서비스에 대한 요청이 동시에 이뤄 수 있다. 각 서비스가 응답하는 데 약 1초가 걸린다고 하면, 항상 최소한 2초가 걸리는 순차 코드 버전보다 동시성 버전이 빨리 호출될 것이다. 순차적 코드 버전에서는 getProfile()이 시작된 후 약 1초 후에 createProfile()이 호출된다. 그림으로 살펴보자.

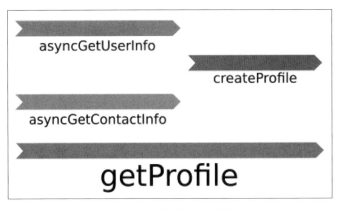

getProfile에 대한 동시성 타임라인

그러나 이 업데이트된 버전의 코드에서는 사용자 정보를 연락처 정보보다 먼저 얻게 될지는 실제로 알 수 없다. 앞에서 각각의 웹 서비스가 약 1초 정도 걸린다고 했고, 두 요청이 거의 동시에 시작될 것이라고 말했다.

asyncGetContactInfo가 asyncGetUserInfo보다 빠르게 응답하면 연락처 정보를 먼저 얻게 되고, asyncGetUserInfo가 먼저 반환되면 사용자 정보를 먼저 얻을 수 있으며, 이 둘이 동시에 정보를 반환할 수도 있다. 곧 getProfile의 동시성 구현 버전은 순차적 구현보다 두 배 빠르게 수행될 수 있지만 실행할 때 약간의 가변성이 있다.

그것이 createProfile()을 호출할 때 두 개의 wait() 호출이 있는 이유다. 이것이 하는 일은 asyncGetUserInfo()와 asyncGetContactInfo()가 모두 완료될 때까지 getProfile()의 실행을 일시 중단하는 것이다. 둘 다 완료됐을 때만 createProfile()이 실행된다. 어떤 동시성 호출이 먼저 종료되는지에 관계없이 getProfile()의 결과가 결정론적임을 보장한다.

그것이 동시성의 까다로운 부분이다. 코드의 준독립적인semi-independent 부분이 완성되는 순서에 관계없이 결과가 결정적이어야 함을 보장해야 한다. 예제에서는 모든 부분이 완성될 때까지 코드의 일부를 정지시키는 부분만 작업했지만, 책의 뒷부분에서는 동시성 코드를 코루틴 간에 통신하게 하도록 조정할 수 있게 하려고 한다.

동시성은 병렬성이 아니다

흔히 동시성과 병렬성을 혼동하곤 한다. 어쨌든 두 개의 코드가 동시에 실행된다는 점에서 둘 다 상당히 비슷해 보이긴 한다. 이 둘을 나눌 명확한 선을 규정할 것이다.

첫 번째 절에서 다룬 비동시성 예제로 돌아가 보자.

```kotlin
fun getProfile(id: Int) : Profile {
    val basicUserInfo = getUserInfo(id)
    val contactInfo = getContactInfo(id)

    return createProfile(basicUserInfo, contactInfo)
}
```

코드의 getProfile()의 실행 타임라인으로 돌아가 보면 getUserInfo()와 getContactInfo()의 실행 시간이 겹치지 않는다. getContactInfo()의 실행은 항상 getUserInfo()가 종료된 후 수행된다.

getProfile의 순차 구현의 타임라인

이제 동시성 구현을 다시 살펴보자.

```kotlin
suspend fun getProfile(id: Int) {
    val basicUserInfo = asyncGetUserInfo(id)
    val contactInfo = asyncGetContactInfo(id)

    createProfile(basicUserInfo.await(), contactInfo.await())
}
```

코드를 동시적으로 실행concurrent execution하면 다음의 그림과 같다. asyncGetUserInfo()와 asyncGetContactInfo()이 중복 실행되는 반면, createProfile()은 둘 중 어느 하나와도 중복되지 않는다.

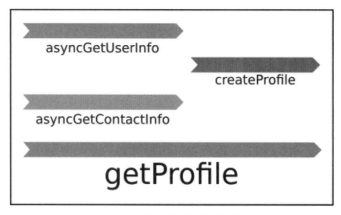

getProfile의 동시성 실행의 타임라인

병렬적 실행을 위한 타임라인은 위의 동시성 타임라인과 정확히 같아 보일 것이다. 동시성과 병렬성 타임라인이 모두 똑같아 보이는 이유는 이 타임라인이 하위 레벨에서 일어나고 있는 일을 보여줄 만큼 세분화돼 있지 않기 때문이다.

둘의 차이점은 같은 프로세스 안에서 서로 다른 명령 집합instruction set의 타임라인이 겹칠 때 동시성이 발생한다는 점이다. 동시성은 정확히 같은 시점에 실행되는지 여부와는 상관이 없다. 이것을 살펴볼 수 있는 가장 좋은 방법은 getProfile()의 코드를 코어가 하나만 있는 기계에서 실행한다고 상상해보는 것이다. 단일 코어는 두 스레드를 동시에 실행할 수 없기 때문에 asyncGetUserInfo()와 asyncGetContactInfo() 간에 교차 배치interleave돼 스케줄이 겹치지만 동시에 실행되지는 않는다.

다음 다이어그램은 단일 코어에서 발생한 동시성을 나타낸다. 동시성이지만 병렬은 아니다. 단일 처리 장치는 X와 Y 스레드 사이에 교차 배치되며, 두 개의 전체 일정이 겹치지만 지정된 시점에 둘 중 하나만 실행되고 있다.

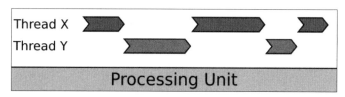

저수준의 동시성 표현

반면에 병렬 실행parallel execution은 두 스레드가 정확히 같은 시점에 실행될 때만 발생한다. 두 개의 코어가 있는 컴퓨터에서 getProfile()이 실행되고 있는 경우 코어 하나는 asyncGetUserInfo()의 명령을 실행하고 다른 하나의 코어에서 asyncGetContactInfo()의 명령을 실행한다.

다음 다이어그램은 두 개의 프로세스 유닛을 사용해 각각 독립적인 스레드를 실행하는 동시성 코드를 병렬로 실행한 것이다. 이때 스레드 X와 Y의 타임라인이 겹칠 뿐만 아니라, 정확히 같은 시점에 실행되고 있다.

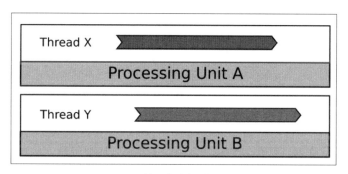

저수준의 병렬 표현

요약하면 다음과 같다.

- 동시성은 두 개 이상의 알고리즘의 실행 시간이 겹쳐질 때 발생한다. 중첩이 발생하려면 두 개 이상의 실행 스레드가 필요하다. 이런 스레드들이 단일 코어에서 실행되면 병렬이 아니라 동시에concurrently 실행되는데, 단일 코어가 서로 다

른 스레드의 인스트럭션instructions을 교차 배치해서, 스레드들의 실행을 효율적으로 겹쳐서 실행한다.

- 병렬은 두 개의 알고리즘이 정확히 같은 시점에 실행될 때 발생한다. 이것이 가능하려면 2개 이상의 코어와 2개 이상의 스레드가 있어야 각 코어가 동시에 스레드의 인스트럭션을 실행할 수 있다. 병렬은 동시성을 의미하지만 동시성은 병렬성이 없이도 발생할 수 있다는 점에 유의하자.

다음 절에서 보겠지만, 이 차이는 단순히 사소한 기술적인 세부사항이 아니다. 차이를 이해해야 제대로 작동하는 코드를 작성하는 데 많은 도움이 될 것이다.

 병렬성의 필요조건인 두 개 이상의 코어가 꼭 로컬 컴퓨터로 국한되지 않는다는 것을 말하고 싶다. 그 예로 애플리케이션이 네트워크의 여러 다른 컴퓨터에서 분산 작업을 실행하도록 할 수 있다. 이러한 구현을 분산 컴퓨팅(distributed computing)이라고 하며, 병렬성의 한 형태다.

CPU 바운드와 I/O 바운드

병목 현상은 다양한 유형의 성능저하가 발생하는 지점을 나타낸다. 애플리케이션의 성능을 최적화할 때 가장 중요한 사항이다. 동시성과 병렬성이 CPU나 I/O 연산에 바인딩됐는지 여부에 따라 알고리즘의 성능에 어떻게 영향을 미칠 수 있는지를 알아본다.

 동시성 코드가 항상 필요한 것도 아니고 이를 통해 꼭 이득을 얻는 것도 아니다. 코드의 병목과 스레드 및 코루틴의 작동방식과 동시성 및 병렬성 간의 차이를 이해해 두면 동시성 소프트웨어를 언제 어떻게 구현해야 하는지를 제대로 판단할 수 있다.

CPU 바운드

CPU만 완료하면 되는 작업을 중심으로 구현되는 알고리즘이 많다. 알고리즘의 성능은 실행 중인 CPU의 성능에 좌우되며 CPU만 업그레이드해도 성능이 향상된다.

단어를 가져와서 좌우가 같은 단어인지를 판별하는 간단한 알고리즘을 살펴보자.

```kotlin
fun isPalindrome(word: String) : Boolean {
    val lcWord = word.toLowerCase()
    return lcWord == lcWord.reversed()
}
```

단어 목록을 가져와서 좌우가 같은 단어를 반환하는 filterPalindromes()에서 위의 함수를 호출한다고 생각해보자.

```kotlin
fun filterPalindromes(words: List<String>) : List<String> {
    return words.filter { isPalindrome(it) }
}
```

마지막으로 단어 목록이 이미 정의된 애플리케이션의 main 메소드에서 filterPalindromes()를 호출한다.

```kotlin
val words = listOf("level", "pope", "needle", "Anna", "Pete", "noon",
"stats")

fun main(args: Array<String>) {
    filterPalindromes(words).forEach {
        println(it)
    }
}
```

예제에서는 실행의 모든 부분이 CPU 성능에 의존적이다. 수십 만 개의 단어를 보내도록 코드를 바꾸면 filterPalindromes()는 더 오래 걸릴 것이다. 코드를 더 빠른 CPU에서 실행하면 코드의 변경 없이도 성능이 향상된다.

I/O 바운드

I/O 바운드는 입출력 장치에 의존하는 알고리즘이다. 실행 시간은 입출력 장치의 속도에 따라 달라지는데, 예컨대 문서를 읽어서 문서의 각 단어를 filterPalindromes()에 전달해 좌우가 같은 단어를 출력하는 알고리즘이 I/O 바운드다. 이전 예제에서 몇 줄을 변경하면 다음과 같은 효과를 얻을 수 있다.

```
fun main(args: Array<String>) {
    val words = readWordsFromJson("resources/words.json")
    filterPalindromes(words).forEach {
        println(it)
    }
}
```

readWordsFromJson() 함수는 파일 시스템에서 파일을 읽는다. 파일을 읽는 속도에 따라 성능이 달라지는 I/O 작업이다. 예를 들어 파일을 하드 드라이브에 저장하면 SSD에 저장하는 경우보다 애플리케이션 성능이 더 나빠진다.

네트워킹이나 컴퓨터 주변기기로부터의 입력을 받는 작업들도 I/O 작업이다. I/O 바운드 알고리즘은 I/O 작업을 기준으로 성능에 대한 병목 현상을 일으키는데, 최적화가 외부 시스템이나 장치에 의존한다는 것을 의미한다.

 많은 I/O 바운드를 갖는 데이터베이스와 같은 고성능 애플리케이션은 결국 실행 중인 기기의 스토리지 액세스 속도에 따라 성능이 좌우된다. 스마트폰 애플리케이션과 같은 네트워킹 기반 애플리케이션도 마찬가지로 인터넷 연결 속도에 따라 성능이 좌우된다.

CPU 바운드 알고리즘에서의 동시성과 병렬성

CPU 바운드 알고리즘의 경우 다중 코어에서 병렬성을 활용하면 성능을 향상시킬 수 있지만 단일 코어에서 동시성을 구현하면 성능이 저하되기도 한다. 예를 들어 단어 목록을 가져와 좌우가 같은 단어를 필터링하는 이전의 알고리즘을 1,000개의 단어당 하나의 스레드가 생성되도록 수정할 수 있다. isPalindrome()이 단어 3,000개를 입력 받는다면 실행은 다음과 같을 것이다.

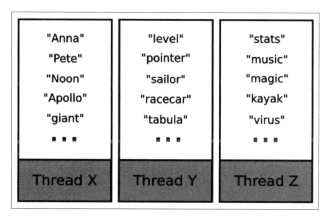

isPalindrome은 1,000개의 단어당 하나의 스레드를 생성

단일 코어에서 실행

단일 코어에서 실행된다면 하나의 코어가 3개의 스레드 사이에서 교차 배치^{interleave}되며 매번 일정량의 단어를 필터링하고 다음 스레드로 전환된다. 전환 프로세스를 컨텍스트 스위칭^{context switching}이라고 한다.

컨텍스트 스위칭은 현재 스레드의 상태를 저장한 후 다음 스레드의 상태를 적재해야 하기 때문에 전체 프로세스에 오버헤드가 발생한다. 오버헤드로 인해 다중 스레드로 구현한 isPalindrome()은 앞에서 본 순차적 구현에 비해 단일 코어 머신에서는 더 오래 걸릴 가능성이 있다. 순차적 구현에서는 단일 코어가 모든 작업을 수행하지만 컨텍스트 스위칭이 발생하지 않기 때문이다.

병렬 실행

병렬 실행의 경우 각 스레드가 하나의 전용 코어에서 실행된다고 가정하면 isPalindrome() 의 실행은 순차적 실행의 약 3분의 1이 될 것이다. 각 코어는 1,000개의 단어를 중단 없이 필터링해서 작업을 완료하는 데 필요한 총 시간을 줄일 것이다.

CPU 바운드 알고리즘을 위해서는 현재 사용 중인 장치의 코어 수를 기준으로 적절한 스레드 수를 생성하도록 고려해야만 한다. 이렇게 하면 CPU 바운드 알고리즘을 실행하기 위해 생성된 스레드 풀인 코틀린의 CommonPool을 활용할 수 있다.

 TIP CommonPool의 크기는 머신의 코어 수에서 1을 뺀 값이다. 4개의 코어가 있는 머신에서는 크기가 3이 될 것이다.

I/O 바운드 알고리즘에서의 동시성 대 병렬성

앞에서 봤듯이 I/O 바운드 알고리즘은 끊임없이 무언가를 기다린다. 지속적인 대기는 단일 코어 기기에서 대기하는 중에 다른 유용한 작업에 프로세스를 사용할 수 있도록 한다. 따라서 I/O 바운드인 동시성 알고리즘은 병렬[2]이거나 단일 코어에 상관없이 유사하게 수행될 것이다.

I/O 바운드 알고리즘은 순차적인 알고리즘보다 동시성 구현에서 항상 더 나은 성능을 발휘할 것으로 예상돼 I/O 작업은 늘 동시성으로 실행하는 편이 좋다. 앞서 설명한 바와 같이 GUI 애플리케이션에서는 UI 스레드를 블록하지 않는 것이 무엇보다 중요하다.

---

2 여기서 병렬은 코어가 여러 개인 것을 의미한다. – 옮긴이

동시성이 어려운 이유

동시성 코드를 제대로 작성하기란 좀처럼 쉽지 않다. 동시성 프로그램 자체가 어렵기도 하지만 많은 프로그래밍 언어가 이것을 더 어렵게 만들기 때문이기도 하다. 어떤 언어들은 너무 번거롭게 동시성 코드를 만들기도 하고, 융통성 없이 만들어 사용성을 떨어뜨리는 언어도 있다. 코틀린 팀은 이점을 염두에 두고 동시성 프로그래밍을 가능한 한 단순하면서도 여러 가지 사용 사례에 맞춰 조절할 수 있도록 충분히 유연하게 만들려고 노력했다. 이 책의 뒷부분에서 코틀린 팀이 만들어 낸 많은 기본형^{primitives}을 사용해 다양한 사용 사례들을 다루게 될 텐데, 지금은 동시성 코드를 프로그래밍할 때 제시되는 공통된 문제점을 살펴본다.

코틀린이 우리가 만든 동시성 코드를 동기화하고 통신할 수 있게 만들기 때문에 실행 흐름이 바뀌어도 애플리케이션의 작동에는 영향이 없다.

레이스 컨디션

동시성 코드를 작성할 때 가장 흔한 오류인 레이스 컨디션^{Race conditions: 경합 조건}은 코드를 동시성으로 작성했지만 순차적 코드처럼 동작할 것이라고 예상할 때 발생한다. 좀더 구체적으로는 동시성 코드가 항상 특정한 순서로 실행될 것이라 가정하고 오해할 때 생기는 문제다.

예를 들어, 데이터베이스에서 데이터를 가져오고 웹 서비스를 호출하는 기능을 동시에 수행하는 코드를 작성 중이라고 가정하자. 이 두 작업이 모두 끝나면 약간의 연산을 수행해야 한다. 많은 사람들이 가장 흔히 하는 실수는 데이터베이스가 더 빠를 것으로 가정하고 웹 서비스 작업이 끝나자 마자 데이터베이스 작업의 결과에 접근하려고 하는 것이다. 이때쯤이면 데이터베이스에서 나온 정보가 항상 준비되리라 생각한다. 데이터베이스 작업이 웹 서비스 호출보다 오래 걸릴 때마다 애플리케이션이 중단^{crash}되거나 일관되지 않은 상태에 빠진다.

레이스 컨디션은 동시성 코드 일부가 제대로 작동하기 위해 일정한 순서로 완료돼야 할 때 발생한다. 이것은 동시성 코드를 구현하는 방법이 아니다.

간단한 예를 살펴보자.

```kotlin
data class UserInfo(val name: String, val lastName: String, val id: Int)

lateinit var user: UserInfo

fun main(args: Array<String>) = runBlocking {

    asyncGetUserInfo(1)
    // Do some other operations
    delay(1000)

    println("User ${user.id} is ${user.name}")
}

fun asyncGetUserInfo(id: Int) = async {
    user = UserInfo(id = id, name = "Susan", lastName = "Calvin")
}
```

main() 함수는 백그라운드 코루틴으로 사용자 정보를 얻으며 1초를 지연(다른 작업을 시뮬레이션)한 후에는 사용자 이름을 출력한다. 이 코드는 1초를 지연하기 때문에 잘 작동할 것이다. 지연을 없애거나 asyncGetUserInfo() 안에서 지연 시간을 크게 하면 애플리케이션이 중단된다. asyncGetUserInfo()를 다음과 같이 바꿔보자.

```kotlin
fun asyncGetUserInfo(id: Int) = async {
    delay(1100)
    user = UserInfo(id = id, name = "Susan", lastName = "Calvin")
}
```

실행하면 user에 정보를 출력하려는 동안 초기화되지 않아서 main()가 중단된다. 레이스 컨디션을 고치려면 정보에 접근하려고 하기 전에 정보를 얻을 때까지 명시적으로 기다려야만 한다.

원자성 위반

원자성 작업atomic operations이란 작업이 사용하는 데이터를 간섭 없이 접근할 수 있음을 말한다. 단일 스레드 애플리케이션에서는 모든 코드가 순차적으로 실행되기 때문에 모든 작업이 모두 원자atomic일 것이다. 스레드가 하나만 실행되므로 간섭이 있을 수 없다.

원자성은 객체의 상태가 동시에 수정될 수 있을 때 필요하며 그 상태의 수정이 겹치지 않도록 보장해야 한다. 수정이 겹칠 수 있다는 것은 데이터 손실이 발생할 수 있다는 뜻인데, 가령 코루틴이 다른 코루틴이 수정하고 있는 데이터를 바꿀 수 있다는 것이다. 실제 사례를 보자.

```
var counter = 0
fun main(args: Array<String>) = runBlocking {
    val workerA = asyncIncrement(2000)
    val workerB = asyncIncrement(100)
    workerA.await()
    workerB.await()
    print("counter [$counter]")
}

fun asyncIncrement(by: Int) = GlobalScope.async {
    for (i in 0 until by) {
        counter++
    }
}
```

앞서 소개한 코드는 원자성 위반의 간단한 예시다. 위의 코드에서는 asyncIncrement() 코루틴을 두 번 동시에 실행한다. 한 호출에서는 counter를 2,000번 증가시키는 반면 다른 호출에서는 100번 증가시킬 것이다. 문제는 asyncIncrement()의 두 실행이 서로 간섭할 수 있으며, 서로 다른 코루틴 인스턴스가 값을 재정의할 수 있다는 것이다. main() 을 실행하면 대부분 counter [2100]를 출력하지만, 꽤 많은 실행에서 2,100보다 적은 값을 인쇄한다는 것을 의미한다.

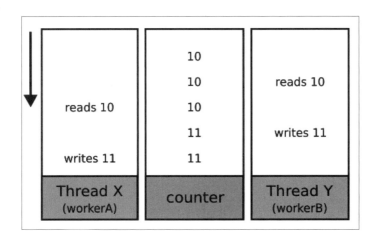

예에서는 counter++의 원자성이 부족해서 workerA와 workerB에서 각각 한 번씩 counter 값을 증가시켜야 하지만 한 번만 증가시켰다. 이런 현상이 발생할 때마다 예상 값이 2,100 에서 1씩 줄어들게 된다.

코루틴에서 명령이 중첩되는 것은 counter++작업이 원자적이지 않기 때문이다. 실제로 이 작업은 counter의 현재 값을 읽은 다음 그 값을 1씩 증가시킨 후에 그 결과를 counter 에 다시 저장하는 세 가지 명령어로 나눌 수 있다. counter++에서 원자성이 없기 때문에 두 코루틴이 다른 코루틴이 하는 조작을 무시하고 값을 읽고 수정할 수 있다.

시나리오를 수정하려면 코루틴 중 한 번에 하나만 counter ++를 실행하는 것이 중요하다. 여러 가지 방법으로 수행할 수 있는데, 필요에 따라 원자적 작업을 보장하는 다양한 접근법을 다루겠다.

교착 상태

동시성 코드가 올바르게 동기화되려면 다른 스레드에서 작업이 완료되는 동안 실행을 일시 중단하거나 차단할 필요가 있다. 이러한 상황의 복잡성 때문에, 즉 순환적 의존성circular dependencies으로 인해 전체 애플리케이션의 실행이 중단되는 상황이 드물지 않게 일어난다.

```
lateinit var jobA : Job
lateinit var jobB : Job

fun main(args: Array<String>) = runBlocking {
    jobA = GlobalScope.launch {
        delay(1000)
        // wait for JobB to finish
        jobB.join()
    }

    jobB = GlobalScope.launch {
        // wait for JobA to finish
        jobA.join()
    }

    // wait for JobA to finish
    jobA.join()
    println("Finished")
}
```

jobA의 간단한 흐름도를 살펴보자.

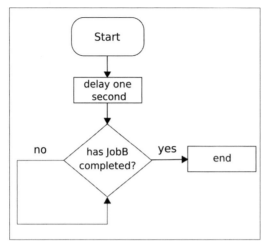

jobA의 흐름도

예에서 jobA는 jobB가 실행을 완료하기를 기다리고 있고 반면 jobB는 jobA가 끝나기를 기다리고 있다. 둘 다 서로를 기다리고 있기 때문에 누구도 끝나지 않는다. 따라서 Finished 메시지가 출력되지 않는다.

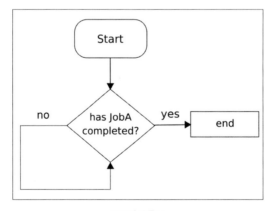

jobB의 흐름도

단순화하려고 의도된 예시라서 실제 시나리오에서 교착 상태를 발견하고 수정하기란 이보다 훨씬 어렵다. 일반적으로 복잡한 잠금 연관관계network of locks3에 의해 발생하며 레이스 컨디션과 자주 같이 발생한다. 레이스 컨디션은 교착 상태가 발생할 수 있는 예기치 않은 상태를 만들기도 한다.

라이브 락

라이브 락Livelocks은 애플리케이션이 올바르게 실행을 계속할 수 없을 때 발생하는 교착 상태와 유사하다. 라이브 락이 진행될 때 애플리케이션의 상태는 지속적으로 변하지만 애플리케이션이 정상 실행으로 돌아오지 못하게 하는 방향으로 상태가 변한다는 점이 다르다.

'엘리야'와 '수잔'이라는 두 사람이 좁은 복도에서 마주보고 걸어오는 모습으로 라이브 락을 설명한다. 두 사람은 각각 한쪽 방향으로 이동해서 서로를 피하려 한다. 엘리야가 왼쪽으로 이동할 때 수잔은 오른쪽으로 이동하지만 마주보고 있기 때문에 서로의 길을 막고 있다. 이제 엘리야는 오른쪽으로 움직이지만, 동시에 수잔이 왼쪽으로 움직이면서 다시 한번 서로 길을 막게 된다. 그들은 계속 이렇게 움직이며 서로의 길을 막게 된다.

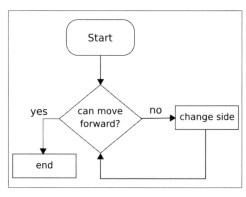

라이브 락의 예제 흐름도

---

3 저자는 자원에 대한 여러 락킹(locking) 메커니즘 간의 연결 관계를 잠금 연관관계(network of locks)란 표현을 사용했다. – 옮긴이

예에서 엘리야와 수잔 모두 교착 상태에서 벗어나는 방법을 알고 있다. 그러나 회복하려는 시점이 그들의 진행을 방해한다.

교착 상태를 복구하도록 설계된 알고리즘에서 라이브 락이 발생하는 경우가 많다. 교착 상태에서 복구하려는 시도가 라이브 락을 만들어 낼 수도 있다.

▌ 코틀린에서의 동시성

동시성의 기본 사항을 쭉 살펴봤고 코틀린에서 동시성의 구체적인 내용을 알아본다. 이제 동시성 프로그램에서 코틀린의 가장 차별화된 특징을 보여줄 것이며 철학적인 주제와 기술적인 주제를 모두 다루려고 한다.

넌 블로킹

스레드는 무겁고 생성하는 데 비용이 많이 들며 제한된 수의 스레드만 생성할 수 있다. 스레드가 블로킹되면 어떻게 보면 자원이 낭비되는 셈이어서 코틀린은 중단 가능한 연산Suspendable Computations이라는 기능을 제공한다. 스레드의 실행을 블로킹하지 않으면서 실행을 잠시 중단하는 것이다. 예를 들어 스레드 Y에서 작업이 끝나기를 기다리려면 스레드 X를 블로킹하는 대신, 대기해야 하는 코드를 일시 중단하고 그동안 스레드 X를 다른 연산 작업에 사용하기도 한다.

코틀린은 채널channels, 액터actors, 상호 배제mutual exclusions와 같은 훌륭한 기본형primitives도 제공해 스레드를 블록하지 않고 동시성 코드를 효과적으로 통신하고 동기화하는 메커니즘을 제공한다.

6장, '채널-통신을 통한 메모리 공유', 7장, '스레드 제한, 액터, 뮤텍스', 8장, '동시 코드 테스트'에서는 동시성 코드를 좀더 정확하게 통신하고 동기화하기 위한 채널(channels), 액터(actors), 뮤텍스(mutexes)의 올바른 사용에 집중할 것이다.

명시적인 선언

동시성은 깊은 고민과 설계가 필요해, 연산이 동시에 실행돼야 하는 시점을 명시적으로 만드는 것이 중요하다. 일시 중단 가능한 연산^{Suspendable computations}은 기본적으로 순차적으로 실행된다. 연산은 일시 중단될 때 스레드를 블로킹하지 않기 때문에 직접적인 단점은 아니다.

```kotlin
fun main(args: Array<String>) = runBlocking {
    val time = measureTimeMillis {
        val name = getName()
        val lastName = getLastName()
        println("Hello, $name $lastName")
    }
    println("Execution took $time ms")
}

suspend fun getName(): String {
    delay(1000)
    return "Susan"
}

suspend fun getLastName(): String {
    delay(1000)
    return "Calvin"
}
```

코드에서 main()은 현재 스레드에서 일시 중단 가능한 연산 getName()과 getLastName() 을 순차적으로 실행한다.

main()을 실행하면 다음 내용을 출력한다.

실행 스레드를 블록하지 않는 비 동시성 코드를 작성할 수 있어서 편리하다. 그러나 어느 정도 시간이 지나 분석하고 나면, getLastName()과 getName() 간에 서로 의존성이 없기 때문에, getLastName()이 getName()이 실행될 때까지 기다려야 할 필요가 없음을 알게 된다. 동시에 수행하는 편이 더 낫다.

```
fun main(args: Array<String>) = runBlocking {
    val time = measureTimeMillis {
        val name = async { getName() }
        val lastName = async { getLastName() }

        println("Hello, ${name.await()} ${lastName.await()}")
    }
println("Execution took $time ms")
}
```

이제는 async {...}를 호출해 두 함수를 동시에 실행해야 하며 await()를 호출해 두 연산에 모두 결과가 나타날 때까지 main()이 일시 중단되도록 요청한다.

가독성

코틀린의 동시성 코드는 순차적 코드만큼 읽기 쉽다. 자바를 비롯해 다른 언어에서는 동시성 코드를 읽고 이해하고 디버깅하는 것이 어렵다는 문제점이 있다. 코틀린의 접근법은 관용구적idiomatic인 동시성 코드를 허용한다.

```kotlin
suspend fun getProfile(id: Int) {
    val basicUserInfo = asyncGetUserInfo(id)
    val contactInfo = asyncGetContactInfo(id)

    createProfile(basicUserInfo.await(), contactInfo.await())
}
```

 관례상 기본적으로 동시에 실행될 함수는 async로 시작하거나 Async로 끝나도록 이름을 짓도록 한다.

suspend 메소드는 백그라운드 스레드에서 실행될 두 메소드를 호출하고 정보를 처리하기 전에 완료를 기다린다. 순차 코드처럼 간단하게 읽고 디버깅하기가 쉬운 코드가 됐다.

 비동기 함수를 작성하는 대신 suspend 함수를 작성해 async {} 또는 launch {} 블록 안에서 호출하는 것이 좋다. suspend 함수를 갖게 되면 함수의 호출자에게 더 많은 유연성을 제공하기 때문이다. 가령 호출자가 언제 동시적으로 실행할 것인지를 결정할 수 있다. 그밖에는 동시적 함수와 일시 중단 함수를 모두 작성하길 원할 때 유용하다.

기본형 활용

스레드를 만들고 관리하는 것은 여러 프로그래밍 언어에서 동시성 코드를 작성할 때 가장 어려운 부분 중 하나다. 언제 스레드를 만들 것인가를 아는 것 못지 않게 얼마나 많은 스레드를 만드는지를 아는 것도 중요하다. 또한 I/O 작업 전용 스레드와 CPU 바운드 작업을 처리하는 스레드가 있어야 하는데, 스레드를 통신/동기화하는 것은 그 자체로 어려운 일이다.

코틀린은 동시성 코드를 쉽게 구현할 수 있는 고급 함수와 기본형을 제공한다.

- 스레드는 스레드 이름을 파라미터로 하는 newSingleThreadContext()를 호출하면 생성된다. 일단 생성되면 필요한 만큼 많은 코루틴을 수행하는 데 사용할 수 있다.
- 스레드 풀은 크기와 이름을 파라미터로 하는 newFixedThreadPoolContext()를 호출하면 쉽게 생성할 수 있다.
- CommonPool은 CPU 바운드 작업에 최적인 스레드 풀[thread pool]이다. 최대 크기는 시스템의 코어에서 1을 뺀 값이다.
- 코루틴을 다른 스레드로 이동시키는 역할은 런타임이 담당한다.
- 채널, 뮤텍스 및 스레드 한정과 같은 코루틴의 통신과 동기화를 위해 필요한 많은 기본형과 기술이 제공된다.

유연성

코틀린은 간단하면서도 유연하게 동시성을 사용하게 해주는 기본형을 많이 제공한다. 코틀린에서 동시성 프로그래밍을 수행하는 방법이 많음을 알게 될 것이다. 다음은 책 전체에서 살펴볼 주제들이다.

- 채널[Channels]: 코루틴 간에 데이터를 안전하게 보내고 받는 데 사용할 수 있는 파이프다.

- **작업자 풀**Worker pools: 많은 스레드에서 연산 집합의 처리를 나눌 수 있는 코루틴의 풀이다.
- **액터**Actors: 채널과 코루틴을 사용하는 상태를 감싼 래퍼로 여러 스레드에서 상태를 안전하게 수정하는 메커니즘을 제공한다.
- **뮤텍스**Mutexes: 크리티컬 존critical zone영역을 정의해 한 번에 하나의 스레드만 실행할 수 있도록 하는 동기화 메커니즘. 크리티컬 존에 액세스하려는 코루틴은 이전 코루틴이 크리티컬 존을 빠져나올 때까지 일시 정지된다.
- **스레드 한정**Thread confinement: 코루틴의 실행을 제한해서 지정된 스레드에서만 실행하도록 하는 기능이다.
- **생성자**(반복자 및 시퀀스): 필요에 따라 정보를 생성할 수 있고 새로운 정보가 필요하지 않을 때 일시 중단될 수 있는 데이터 소스다.

모든 것은 코틀린에서 동시성 코드를 작성할 때 수시로 사용할 수 있는 도구이며, 그 범위와 용례는 동시성 코드를 구현할 때 올바른 선택을 하는 데 도움이 될 것이다.

코틀린 동시성 관련 개념과 용어

코틀린의 동시성과 관련해 등장하는 몇 가지 기본 개념과 용어를 설명하면서 이 장을 마무리한다. 이어지는 내용들을 보다 명확하게 이해하기 위해서 중요한 부분이다.

일시 중단 연산

일시 중단 연산Suspending computations은 해당 스레드를 차단하지 않고 실행을 일시 중지할 수 있는 연산이다. 스레드를 차단하는 것은 좀 불편하기 때문에 자체 실행을 일시 중단하면 일시 중단 연산을 통해 스레드를 다시 시작해야 할 때까지 스레드를 다른 연산에서 사용할 수 있다.

일시 중단 함수

일시 중단 함수는 함수 형식의 일시 중단 연산이다. 일시 중단 함수는 suspend 제어자 때문에 쉽게 식별할 수 있다. 예를 들면 다음과 같다.

```
suspend fun greetAfter(name: String, delayMillis: Long) {
    delay(delayMillis)
    println("Hello, $name")
}
```

앞의 예제에서 greetAfter()의 실행은 delay()가 호출될 때 일시 중단된다. delay()는 자체가 일시 중단 함수이며, 주어진 시간 동안 실행을 일시 중단한다. delay()가 완료되면 greetAfter()가 실행을 정상적으로 다시 시작한다. greetAfter()가 일시 중지된 동안 실행 스레드가 다른 연산을 수행하는 데 사용될 수 있다.

 9장, '코틀린 동시성의 내부'에서 일시 중단 함수가 어떻게 동작하는지를 배운다

람다 일시 중단

일반적인 람다와 마찬가지로, 일시 중단 람다는 익명의 로컬 함수다. 일시 중단 람다는 다른 일시 중단 함수를 호출함으로써 자신의 실행을 중단할 수 있다는 점에서 보통의 람다와 차이가 있다.

코루틴 디스패처

코루틴을 시작하거나 재개할 스레드를 결정하기 위해 코루틴 디스패처가 사용된다. 모든 코루틴 디스패처는 CoroutineDispatcher 인터페이스를 구현해야 한다.

- DefaultDispatcher: 현재는 CommonPool과 같다. 앞으로 바뀔 수 있다.
- CommonPool: 공유된 백그라운드 스레드 풀에서 코루틴을 실행하고 다시 시작한다. 기본 크기^{default size}는 CPU 바운드 작업에서 사용하기에 적합하다.[4]
- Unconfined: 현재 스레드(코루틴이 호출된 스레드)에서 코루틴을 시작하지만 어떤 스레드에서도 코루틴이 다시 재개될 수 있다. 디스패처에서는 스레드 정책을 사용하지 않는다.

디스패처와 함께 필요에 따라 풀^{pool} 또는 스레드를 정의하는 데 사용할 수 있는 몇 가지 빌더가 있다.

- newSingleThreadContext(): 단일 스레드로 디스패처를 생성한다. 여기에서 실행되는 코루틴은 항상 같은 스레드에서 시작되고 재개된다.
- newFixedThreadPoolContext(): 지정된 크기의 스레드 풀이 있는 디스패처를 만든다. 런타임은 디스패처에서 실행된 코루틴을 시작하고 재개할 스레드를 결정한다.

코루틴 빌더

코루틴 빌더^{coroutine builder}는 일시 중단 람다를 받아 그것을 실행시키는 코루틴을 생성하는 함수다. 코루틴은 다음과 같은 다양한 일반적인 시나리오에 맞게 활용할 수 있는 코루틴 빌더를 많이 제공한다.

---

4 번역 시점에는 더 이상 CommonPool이 기본 디스패처로 지원되지 않는다. 4장 참조 – 옮긴이

- async(): 결과가 예상되는 코루틴을 시작하는 데 사용된다. async()는 코루틴 내부에서 일어나는 모든 예외를 캡처해서 결과에 넣기 때문에 조심해서 사용해야 한다. 결과 또는 예외를 포함하는 Deferred<T>를 반환한다.
- launch(): 결과를 반환하지 않는 코루틴을 시작한다. 자체 혹은 자식 코루틴의 실행을 취소하기 위해 사용할 수 있는 Job을 반환한다.
- runBlocking(): 블로킹 코드를 일시 중지 가능한 코드로 연결하기 위해 작성됐다. 보통 main() 메소드와 유닛 테스트에서 사용된다. runBlocking()은 코루틴의 실행이 끝날 때까지 현재 스레드를 차단한다.

async()의 예제는 다음과 같다.

```
val result = GlobalScope.async {
    isPalindrome(word = "Sample")
}
result.await()
```

예제에서 디폴트 디스패처에서 async()가 실행된다. 디스패처를 수동으로 지정할 수 있다.

```
val result = GlobalScope.async(Dispatchers.Unconfined) {
    isPalindrome(word = "Sample")
}
result.await()
```

두 번째 예에서 Unconfined는 코루틴의 디스패처로 사용된다.

▎ 요약

이 장에서는 동시성과 관련된 중요한 개념과 도구를 자세히 소개했는데, 앞으로 이어질 내용들을 이해하는 데 기초적인 역할을 한다. 설명했던 중요한 사항들을 떠올릴 수 있도록 요약했다.

- 애플리케이션에는 하나 이상의 프로세스가 있다. 각각은 적어도 하나의 스레드를 갖고 있고 코루틴은 스레드 안에서 실행된다.
- 코루틴은 재개될 때마다 다른 스레드에서 실행될 수 있지만 특정 스레드에만 국한될 수도 있다.
- 애플리케이션이 하나 이상의 스레드에 중첩돼 실행되는 경우는 동시적concurrent 실행이다.
- 올바른 동시성 코드를 작성하려면 서로 다른 스레드 간의 통신과 동기화 방법을 배워야 하며, 코틀린에서는 코루틴의 통신과 동기화 방법의 학습을 의미한다.
- 병렬 처리는 동시 처리 애플리케이션concurrent application이 실행되는 동안 적어도 두 개 이상의 스레드가 같이 실행될 때 발생한다.
- 동시 처리는 병렬 처리 없이 일어날 수 있다. 현대적 처리 장치는 스레드 간에서 교차 배치interleave할 것이고 효과적으로 스레드를 중첩시킬 것이다.
- 동시성 코드를 작성하는 데에는 어려움이 많다. 대부분 올바른 통신과 스레드 동기화와 관련이 있는데 레이스 컨디션, 원자성 위반, 교착 상태 및 라이브 락이 가장 일반적인 문제점이다.
- 코틀린은 동시성에 대해 현대적이고 신선한 접근 방식을 취했다. 코틀린을 사용하면 넌 블로킹이며, 가독성 있게 활용될 뿐만 아니라 유연한 동시성 코드를 작성할 수 있다.

2장에서는 코루틴을 사용해본다. 안드로이드 스튜디오를 설정해서 코루틴을 지원하는 프로젝트를 만들 것이다. 그런 다음 REST 호출과 같은 실제 시나리오에 코루틴을 사용해 안드로이드 에뮬레이터에서 동시성 코드를 작성하고 실행해본다. 그리고 일시 중지 함수의 실질적인 예를 알아보겠다.

코루틴 인 액션

이제 코딩을 해보자. 2장에서는 안드로이드 스튜디오를 사용하는 프로젝트에서 코루틴의 지원을 활성화하는 과정을 살펴보고, UI 스레드의 블로킹 없이 REST 서비스를 호출하고 응답의 일부를 보여주는 일반적인 모바일 앱 시나리오에 코루틴을 사용한다.

2장에서 다룰 주제는 다음과 같다.

- 코틀린과 코루틴을 사용하는 프로젝트를 위한 안드로이드 스튜디오 설정
- 안드로이드의 UI 스레드
- 코루틴을 사용하는 백그라운드 스레드에서 REST 호출
- 코루틴 빌더인 async()와 launch()
- 코루틴 디스패처 소개

▌ 안드로이드 스튜디오 다운로드 및 설치

먼저 안드로이드 스튜디오를 설치해야 한다. 설치를 위해 https://developer.android.
com/studio/index.html로 이동해서 자신의 플랫폼을 위한 설치 프로그램을 다운로드
한다.

 코틀린은 안드로이드 스튜디오 버전 3.0에서 추가됐다. 안드로이드 스튜디오를 이미 설치
했다면 버전이 최소 3.0 이상인지 확인한다. 이전 버전이라면 안드로이드 스튜디오의 최신
안정화(stable) 버전[1]으로 업데이트하는 것이 좋다.

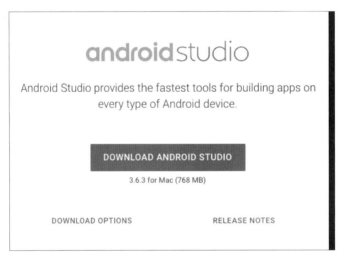

공식 웹 페이지에서 안드로이드 스튜디오 다운로드

다운로드가 끝나면 공식 가이드(https://developers.android.com/studio/install.html)의 단
계에 따라 설치를 끝낸다.

---

1 번역 시점의 안드로이드 스튜디오의 최신 안정화 버전은 3.6.3 버전이며 제공되는 코드가 해당 버전에서 잘 실행되는 것을 확인
   했다. - 옮긴이

기본적으로 웹 페이지에서 인식한 운영체제에 따라 설치 지침이 제공되며, 다른 OS에 대한 설명을 보려면 다음과 같이 페이지 오른쪽 메뉴에서 관련 옵션을 선택하면 된다.

다른 OS에 대한 지침으로도 변경 가능

설치가 끝나면 바로 코틀린을 지원하는 안드로이드 프로젝트를 생성할 수 있다.

 앞의 그림은 현재의 페이지 디자인에 따른 것이다. 구글은 위의 두 페이지를 자주 업데이트 하기 때문에 안드로이드 스튜디오를 다운로드하고 설치하는 시점에 따라 약간 다르게 보일 수는 있지만 전체적인 흐름은 같다. 자신의 운영체제에 맞게 다운로드하고 단계에 따라 진행한다.

▌ 코틀린 프로젝트 생성하기

안드로이드 스튜디오를 처음 실행하면 마법사가 나타난다. 새 안드로이드 프로젝트를 시작하기 위해 다음 그림과 같이 Start a new Android Studio project를 선택한다.

 원서가 쓰인 시점에 사용된 안드로이드 스튜디오 버전은 3.0.1이며, 번역 시점에는 최신 버전이 3.6.3 버전으로, 프로젝트 생성 과정에 여러 변화가 있어서 이 과정은 현재 버전에 맞춰서 다시 작성했다.

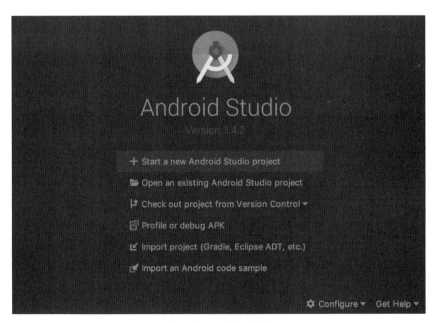

안드로이드 스튜디오 마법사

68

이제 프로젝트를 선택해야 한다. Empty Project를 선택한다.

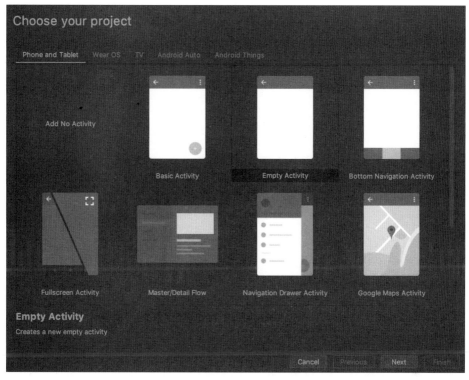

Empty Activity 선택

프로젝트의 속성을 다음과 같이 정의한다. 안드로이드 SDK는 7.0 Nougat으로 선택한다.

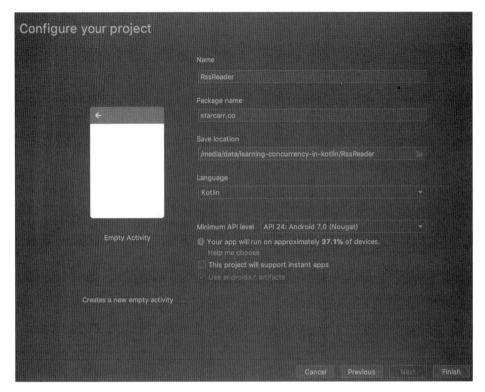

프로젝트 설정

▌코루틴 지원 추가하기

프로젝트를 만들었으니 코루틴을 추가할 차례다. 이 작업을 위해 Project 부분을 열고 build.gradle을 더블 클릭한다. 파일은 Gradle Scripts 안에 있다.

괄호 안에 Project: RssReader가 있는 파일이 프로젝트의 build.gradle 파일이다.

여기에서는 코루틴의 버전을 중앙에서 관리하기 위해 변수를 하나 추가할 것이다. 예시처럼 ext.kotlin.version 아래에 다음과 같이 ext.coroutines_version을 추가한다.

```
buildscript {
    ext.kotlin_version = '1.3.71'
    ext.coroutines_version = '1.3.6'
    ...
}
```

 TIP build.gradle 파일을 수정할 때마다 안드로이드 스튜디오는 항상 설정을 다시 동기화하도록 요청한다. 동기화가 끝날 때까지 변경사항은 적용되지 않는다.

이제 코루틴에 대한 의존성을 추가해야 한다. Module의 **build.gradle** 파일에 의존성을 추가한다.

모듈을 위한 build.gradle 파일

먼저, 코루틴에 대한 의존성을 추가한다.

```
dependencies {
    implementation fileTree(dir: 'libs', include: ['*.jar'])
    implementation "org.jetbrains.kotlin:kotlin-stdlib-
    jdk7:$kotlin_version"
    implementation "org.jetbrains.kotlinx:kotlinx-coroutines-
    core:$coroutines_version"
    <...>
}
```

TIP 애플리케이션은 안드로이드 스튜디오나 커맨드 라인을 통해 애뮬레이터 혹은 실제 장치에서 실행할 수 있다. Android Studio's User Guide에서 이 작업을 수행하는 방법에 대한 훌륭한 정보를 제공하고 있다(https://developer.android.com/studio/run/index.htm의 문서 참조).

현재 코루틴은 실험적인 기능이다. 코루틴으로 앱을 컴파일하거나 실행할 때 나오는 여러 가지 경고를 없애려면 모듈의 build.gradle 파일에 다음을 추가해야 한다.

```
kotlin {
    experimental {
        coroutines "enable"
    }
}
```

 일단 코루틴이 더 이상 실험적인 기능으로 간주되지 않으면, 위 코드 스니펫은 추가하지 않아도 된다.[2]

▌안드로이드의 UI 스레드

1장에서 설명했듯이 안드로이드 애플리케이션에는 UI를 업데이트하고 사용자와의 상호작용을 리스닝하며, 메뉴를 클릭하는 것과 같은 사용자에 의해 생성된 이벤트 처리를 전담하는 스레드가 있다. 할 수 있는 최선의 방법으로 UI 스레드와 백그라운드 스레드를 확실하게 분리하기 위해서, UI 스레드의 기본적인 사항들을 검토해본다.

CallFromWrongThreadException

안드로이드는 뷰 계층을 생성하지 않은 스레드가 관련 뷰를 업데이트하려고 할 때마다 CalledFromWrongThreadException을 발생시킨다. 실제로 이 예외는 UI 스레드가 아닌 다른 스레드가 뷰를 업데이트할 때마다 발생한다. UI 스레드만이 뷰 계층을 생성할 수 있는 스레드이며 뷰를 항상 업데이트할 수 있다.

---

2 코틀린 1.3 버전부터 코루틴이 정식으로 포함돼 이 과정은 생략 가능하다. – 옮긴이

UI를 업데이트하는 코드가 UI 스레드에서 실행되도록 보장하는 것이 중요하다. 예제에서는 백그라운드 스레드에서 서비스를 호출한 후에 UI 스레드의 라벨을 업데이트한다.

NetworkOnMainThreadException

자바에서의 네트워크 동작은 기본적으로 블로킹된다. 예를 들어 웹 서비스를 호출하면 응답이 수신되거나 타임 아웃/오류가 발생하기 전까지 현재의 모든 스레드는 블로킹이 된다. UI 스레드가 블로킹된다는 것은 애니메이션이나 기타 상호작용을 포함한 모든 UI가 멈추는 것을 의미하므로, UI 스레드에서 네트워크 작업을 수행할 때마다 안드로이드는 중단된다.

이런 상황이 발생할 때마다 `NetworkOnMainThreadException` 예외가 발생하는데 개발자는 백그라운드 스레드를 사용해서 사용자 경험을 개선해야 한다.

백그라운드에서 요청하고, UI 스레드에서 업데이트할 것

두 가지를 합쳐서 서비스 호출을 구현하려면 백그라운드 스레드가 웹 서비스를 호출하고, 응답이 처리된 후에 UI 스레드에서 UI를 업데이트하도록 해야 한다.

▌ 스레드 생성

코틀린은 스레드 생성 과정을 단순화해서 쉽고 간단하게 스레드를 생성할 수 있다. 지금은 단일 스레드만으로도 충분하지만, 이후 과정에서는 CPU 바운드와 I/O 바운드 작업을 모두 효율적으로 수행하기 위해 스레드 풀도 생성할 것이다.

CoroutineDispatcher

코틀린에서는 스레드와 스레드 풀을 쉽게 만들 수 있지만 직접 액세스하거나 제어하지 않는다는 점을 알아야 한다. 여기서는 CoroutineDispatcher를 만들어야 하는데, 이것은 기본적으로 가용성, 부하, 설정을 기반으로 스레드 간에 코루틴을 분산하는 오케스트레이터다.

여기에서는 스레드를 하나만 갖는 CoroutineDispatcher를 생성할 것이며, 거기에 추가하는 모든 코루틴은 그 특정 스레드에서 실행된다. 그렇게 하려면 단 하나의 스레드만 갖는 CoroutineDispatcher를 확장한 ThreadPoolDispatcher를 생성한다.

앱의 메인 패키지인 co.starcarr.rssreader 안에 있는 이전에 생성한 MainActivity.kt 파일을 연다. 클래스 레벨에서 디스패처를 생성하기 위해 파일을 업데이트한다.

```kotlin
class MainActivity : AppCompatActivity() {
    val netDispatcher = newSingleThreadContext(name = "ServiceCall")
    override fun onCreate(savedInstanceState: Bundle?) {
        super.onCreate(savedInstanceState)
        setContentView(R.layout.activity_main)
    }
}
```

> ⓘ 위의 예제뿐 아니라 이 책의 모든 예제에서는 코드를 줄이기 위해 private, protected, open 등과 같은 접근 제어자를 적지 않음으로써 책의 가독성을 높였다. 그러나 가장 좋은 연습은 각 멤버들을 가능한 접근하기 어렵도록 만드는 것임을 명심해야 한다. 책과 함께 제공되는 소스코드 파일에는 형식에 대한 제약이 없기 때문에 대부분 제대로 된 접근 제어자를 확인할 수 있을 것이다.

디스패처에 코루틴 붙이기

디스패처가 만들어졌고, 이제 이 디스패처를 사용하는 코루틴을 시작할 수 있다. 디스패처는 코루틴이 정의한 스레드를 강제로 사용하도록 할 것이다. 코루틴을 시작하는 두 가지 방법을 살펴볼 텐데, 결과와 에러를 처리하려면 둘 사이의 차이를 알아야 한다.

async 코루틴 시작

결과 처리를 위한 목적으로 코루틴을 시작했다면 async()를 사용해야 한다. async()는 Deferred<T>를 반환하는데, 디퍼드 코루틴 프레임워크에서 제공하는 취소 불가능한 넌 블로킹 퓨처non-blocking cancellable future를 의미하며, T는 그 결과의 유형을 나타낸다.

async를 사용할 때 결과를 처리하는 것을 잊어서는 안 되며, 잊기 쉽기 때문에 주의하자.

다음 코드에 대해서 생각해보자.

```
fun main(args: Array<String>) = runBlocking {
    val task = GlobalScope.async {
        doSomething()
    }
    task.join()
    println("Completed")
}
```

doSomething()은 단순히 예외를 던진다.

```
fun doSomething() {
    throw UnsupportedOperationException("Can't do")
}
```

이 책이 작성되는 시점에는 async, launch와 같은 코루틴 빌더를 별도의 스코프 지정 없이 사용 가능했지만, 현재는 반드시 CoroutineScope를 통해서만 사용할 수 있다. CoroutineScope를 사용하는 방법은 여러 가지가 있지만, 이 장에서는 개념을 이해하는 것이 목적이므로, 애플리케이션의 전체 생명 주기에 걸쳐 동작하는 GlobalScope를 사용하도록 수정했다.[3]

예외를 통해 애플리케이션 실행이 멈추고 예외 스택이 출력되며 또한 애플리케이션의 종료 코드는 0이 아닐 것이라고 생각할 수 있다. 여기서 0은 오류가 발생하지 않았다는 것을 의미하며, 그 외 다른 코드는 오류를 뜻한다. 실행되면 어떻게 되는지 확인해보자.

보이는 것처럼 로그에 출력되는 예외 스택은 없으며 애플리케이션도 중단되지 않았고 종료 코드는 성공적으로 실행된 것으로 나타난다.

async() 블록 안에서 발생하는 예외는 그 결과에 첨부되는데, 그 결과를 확인해야 예외를 찾을 수 있다. 이를 위해서 isCancelled와 getCancellationException() 메소드를 함께 사용해 안전하게 예외를 가져올 수 있다. 예외 검증을 위해 다음 예제와 같이 이전 예제를 변경한다.

```kotlin
fun main(args: Array<String>) = runBlocking {
  val task = GlobalScope.async {
    doSomething()
  }
```

---

3 https://github.com/Kotlin/kotlinx.coroutines/blob/master/docs/basics.md — 옮긴이

```
  task.join()
  if (task.isCancelled) {
    val exception = task.getCancellationException()
    println("Error with message: ${exception.cause}")
  } else {
    println("Success")
  }
}
```

 글을 쓰는 시점에서 코틀린 팀은 여기에서의 설명대로 위 코드가 동작하도록 노력하고 있었다. 위의 시나리오에서 isCancelled가 false를 반환하는 것을 확인하면, isCompletedExceptionally로 대체한다. 이 책의 출간이 임박한 시점에 isCompletedExceptionally에 대한 지원이 중단될 예정이라 isCompletedExceptionally에 대한 설명은 빼기로 했다. 자세한 내용은 코루틴 깃헙 저장소에 있는 issue 220을 참조한다.

다음과 같은 오류가 출력된다.

```
Run  chapter2.async.AsyncKt
  ▶        /usr/lib/jvm/java-8-openjdk/bin/java ...
           Error with message: Can't do

  ▣   Process finished with exit code 0
```

예외를 전파하기 위해서 디퍼드에서 await()을 호출할 수 있다. 예를 들면 다음과 같다.

```
fun main(args: Array<String>) = runBlocking {
  val task = GlobalScope.async {
    doSomething()
  }
  task.await()
  println("Completed")
}
```

그러면 애플리케이션이 비정상적으로 중단된다.

```
Run: chapter2.async.AsyncKt
    /usr/lib/jvm/java-8-openjdk/bin/java ...
    Exception in thread "main" java.lang.UnsupportedOperationException: Can't do
        at chapter2.async.AsyncKt.doSomething(async.kt:30)
        at chapter2.async.AsyncKt$main$1$task$1.doResume(async.kt:9)
        at kotlin.coroutines.experimental.jvm.internal.CoroutineImpl.resume(CoroutineImpl.kt:54)
        at kotlinx.coroutines.experimental.DispatchedTask$DefaultImpls.run(Dispatched.kt:161)
        at kotlinx.coroutines.experimental.DispatchedContinuation.run(Dispatched.kt:25)
```

await()를 호출해서 중단되는데 이 경우가 예외를 감싸지 않고 전파하는, 감싸지 않은 디퍼드unwrapping deferred다.

join()으로 대기한 후 검증하고 어떤 오류를 처리하는 것과 await()를 직접 호출하는 방식의 주요 차이는 join()은 예외를 전파하지 않고 처리하는 반면, await()는 단지 호출하는 것만으로 예외가 전파된다는 점이다.

await()를 사용한 예제는 실행 중 에러를 의미하는 코드 1을 반환하는 반면, join()으로 대기하고 iscancelled와 getCancellationException()을 사용해 에러를 처리한 경우는 성공을 의미하는 코드 0이 나온다.

 TIP 3장, '라이프싸이클과 에러 처리'에서는 예상되는 동작에 따른 적절한 예외 처리와 전파를 자세히 다룬다.

launch 코루틴 시작

결과를 반환하지 않는 코루틴을 시작하려면 launch()를 사용해야 한다. launch()는 연산이 실패한 경우에만 통보 받기를 원하는 파이어–앤–포겟fire-and-forget 시나리오[4]를 위해 설계됐으며, 필요할 때 취소할 수 있는 함수도 함께 제공된다. 다음 예제를 보자.

---

4 fire-and-forget scenario. 이벤트나 메시지 기반 시스템에서 널리 활용되는 패턴으로, 미사일을 발사(Fire)하고 나면 그후 미사일은 알아서 표적을 향해 날아가는데, 미사일에 대해 잊고 있어도(Forget) 알아서 표적에 명중한다는 것으로, 여기서는 실행 후 결과에 대해서 신경 쓸 필요 없는 경우와 같은 시나리오를 의미한다. – 옮긴이

```
fun main(args: Array<String>) = runBlocking {
    val task = GlobalScope.launch {
        doSomething()
    }
    task.join()
    println("completed")
}
```

여기에서 doSomething()은 예외를 발생시킨다.

```
fun doSomething() {
    throw UnsupportedOperationException("Can't do")
}
```

예상한 대로 예외가 스택에 출력되지만 실행이 중단되지 않았고, 애플리케이션은 main()
의 실행을 완료했다는 것을 알 수 있다.

> 💡 **TIP** 예측이 어려운 예외(uncaught exception)에 대한 기본 동작은 플랫폼별로 정의되지만 다
> 시 작성될 수 있다. 3장, '라이프사이클과 에러 처리'에서 자세히 배워본다.

코루틴을 시작할 때 특정 디스패처 사용하기

지금까지 async()와 launch()로 코루틴을 만드는 방법을 살펴봤지만, 두 경우 모두 기본 디스패처를 사용하고 있었다. 다음 코드를 보자.

```
fun main(args: Array<String>) = runBlocking {
    val task = launch {
        printCurrentThread()
    }
    task.join()
}
```

printCurrentThread()라는 이름에서 알 수 있듯이 표준 출력standard output에 현재 스레드의 이름을 출력한다.

```
fun printCurrentThread() {
    println("Running in thread [${Thread.currentThread().name}]")
}
```

코드를 실행하면 기본적으로 코루틴이 DefaultDispatcher에서 실행됨을 알 수 있는데, 글을 쓰는 시점에 CommonPool과 같은 디스패처지만 향후에는 바뀔 수 있음을 기억하자.

이전과 같은 방식으로, CoroutineDispatcher를 생성하기 위해 main()을 변경하고, 그 디스패처를 launch()로 전달하면 지정된 스레드에서 코루틴이 실행됨을 알 수 있다. 다음 예를 보자.

```
fun main(args: Array<String>) = runBlocking {
    val dispatcher = newSingleThreadContext(name = "ServiceCall")
    val task = GlobalScope.launch(dispatcher) {
        printCurrentThread()
    }
    task.join()
}
```

다음 그림과 같이 출력된다. 스레드의 이름이 디스패처에 대해 설정한 이름과 같음을 알 수 있다.

```
Run  chapter2.dispatcher.LaunchKt
    /usr/lib/jvm/java-8-openjdk/bin/java ...
    Running in thread [ServiceCall]

    Process finished with exit code 0
```

이제 MainActivity에서도 똑같이 작업할 것이다.

```kotlin
private val dispatcher = newSingleThreadContext(name = "ServiceCall")
override fun onCreate(savedInstanceState: Bundle?) {
    super.onCreate(savedInstanceState)
    setContentView(R.layout.activity_main)
    GlobalScope.launch(dispatcher) {
        // TODO Call coroutine here
    }
}
```

▌ 네트워킹 사용 권한 추가

안드로이드에서는 애플리케이션이 다양한 기능에 접근하도록 하기 위해서 권한을 명시적으로 요청해야 한다. 사용자에게 특정 사용 권한을 거부하는 옵션을 제공하고 애플리케이션이 사용자가 예상한 것과 다른 일을 하지 못하게 하기 위함이다.

네트워크를 사용하도록 요청할 것이므로 애플리케이션의 manifest에 인터넷 접속 권한을 추가해야 한다. app/src/main 디렉토리에 있는 AndroidManifest.xml 파일을 수정한다.

```
<manifest xmlns:android="http://schemas.android.com/apk/res/android"
package="co.starcarr.rssreader">
    <uses-permission android:name="android.permission.INTERNET" />
    <application
    ...
</manifest>
```

 인터넷(INTERNET)이라는 이름은 적절하지 않다. 안드로이드 권한은 실제 인터넷 연결
과는 상관 없이, LAN을 연결하는 경우와 같은 네트워크 요청에도 필요하다. 네트워킹
(Networking)에 대한 권한으로 생각해야 한다.

서비스 호출을 위한 코루틴 생성

이제 서비스 호출을 추가할 차례다. 간단하게 시작하기 위해 자바의 DocumentBuilder를
사용해 RSS 피드feed를 호출할 것이다. 디스패처 아래에 DocumentBuilderFactory를 담을
변수를 추가한다.

```
private val dispatcher = newSingleThreadContext(name = "ServiceCall")
private val factory = DocumentBuilderFactory.newInstance()
```

두 번째는 실제 호출을 수행할 함수를 만드는 단계다.

```
private fun fetchRssHeadlines(): List<String> {
    val builder = factory.newDocumentBuilder()
    val xml = builder.parse("https://www.npr.org/rss/rss.php?id=1001")
    return emptyList()
}
```

어떻게 함수에서 피드^{feed}를 호출한 후 비어 있는 문자열 목록을 반환하는지 주의해서 보자.

아이디어는 주어진 피드의 헤드라인^{headline}을 반환하도록 이 함수를 구현하는 것이다. 먼저 앞에서 정의한 코루틴의 일부로써 이 함수를 호출해보자.

```
GlobalScope.launch(dispatcher) {
    fetchRssHeadlines()
}
```

헤드라인 가져오기가 디스패처의 스레드에서 실행된다. 다음 단계는 실제로 응답 Response의 본문^{Body}을 읽고 헤드라인을 반환한다. 예제에서는 XML 파싱을 할 때 라이브 러리를 사용하는 대신 직접 파싱하도록 한다.

```
private fun fetchRssHeadlines(): List<String> {
    val builder = factory.newDocumentBuilder()
    val xml = builder.parse("https://www.npr.org/rss/rss.php?id=1001")
    val news = xml.getElementsByTagName("channel").item(0)
    return (0 until news.childNodes.length)
        .map { news.childNodes.item(it) }
        .filter { Node.ELEMENT_NODE == it.nodeType }
        .map { it as Element }
        .filter { "item" == it.tagName }
        .map {
            it.getElementsByTagName("title").item(0).textContent
        }
}
```

코드는 단순히 XML의 모든 요소들을 검사하면서 피드에 있는 각 기사^{article}의 제목^{title}을 제외한 모든 것을 필터링한다.

Element와 Node는 모두 org.w3c.com 패키지에 있다.

함수에서 실제로 정보를 반환하므로 사용자 인터페이스에 표시하기 위한 정보를 받을
수 있다.

```
GlobalScope.launch(dispatcher) {
    val headlines = fetchRssHeadlines()
}
```

▌ UI 요소 추가

몇 가지 테스트를 위한 UI 요소를 추가할 수 있다. 먼저 res/layout/activity_main.xml
에 있는 MainActivity의 레이아웃을 수정해보자. 지금은 ProgressBar만 추가하면 되는
데 ProgressBar가 화면 중앙에 위치하도록 ConstraintLayout의 내용을 변경한다.

```
<android.support.constraint.ConstraintLayout ...>
    <ProgressBar
        android:id="@+id/progressBar"
        style="?android:attr/progressBarStyle"
        android:layout_width="wrap_content"
        android:layout_height="wrap_content"
        app:layout_constraintBottom_toBottomOf="parent"
        app:layout_constraintLeft_toLeftOf="parent"
        app:layout_constraintRight_toRightOf="parent"
        app:layout_constraintTop_toTopOf="parent" />
</android.support.constraint.ConstraintLayout>
```

애플리케이션을 실행하면 무한으로 회전하는 둥근 프로그레스 바만 보게 될 것이다. 스레드의 잘못된 취급이 UI에 어떻게 영향을 미칠 수 있는지 알기 위해서는 스피너^{spinner}를 사용해본다.

UI가 블로킹되면 발생하는 일

안드로이드 애플리케이션의 UI 스레드가 블로킹되면 안 되는 이유를 더 자세히 이해하기 위해 실질적으로 접근해 볼 수 있는 좋은 기회다. 간단한 코드 블록을 MainActivity에 추가하고 애플리케이션을 다시 실행해보자.

```kotlin
override fun onResume() {
    super.onResume()
    Thread.sleep(5000)
}
```

이렇게 하면 5초 간 UI 스레드가 블로킹된다. 애플리케이션을 다시 실행하면 그 5초 동안 완전히 하얀 화면을 보게 될 텐데, 애플리케이션을 사용하는 이들로서는 끔찍한 일이 될 것이다.

 TIP UI 스레드는 블로킹되지 않아야 할 뿐 아니라 CPU 사용량이 많은 작업도 수행해서는 안 되는데, 이는 사용자에게 유사한 경험을 줄 수 있기 때문이다. 뷰를 만들고 업데이트하려면 UI 스레드를 사용해야 하며 그 사이의 모든 것은 백그라운드 스레드에서 수행해야 한다.

▌ 처리된 뉴스의 수량 표시

레이아웃에 TextView를 배치하고, 피드로부터 처리된 뉴스의 수량을 표시해보자.
TextView는 app:layout_constructureBottom_toBotomOf 속성으로 인해 프로그레스 바 아
래에 위치한다.

```
<android.support.constraint.ConstraintLayout ...>
    <ProgressBar ...>
    <TextView
        android:id="@+id/newsCount"
        android:layout_width="wrap_content"
        android:layout_height="wrap_content"
        android:layout_marginTop="20dp"
        app:layout_constraintTop_toBottomOf="@id/progressBar"
        app:layout_constraintLeft_toLeftOf="parent"
        app:layout_constraintRight_toRightOf="parent" />

</android.support.constraint.ConstraintLayout>
```

뉴스의 수량을 표시하기 위해서 식별자로 TextView를 얻고, 가져온 뉴스의 수량이 표시
될 텍스트를 설정한다.

```
GlobalScope.launch(dispatcher) {
    val headlines = fetchRssHeadlines()
    val newsCount = findViewById<TextView>(R.id.newsCount)
    newsCount.text = "Found ${headlines.size} News"
}
```

이 장의 앞 부분에서 설명한 것처럼 코드가 실행되면, CalledFromWrongThreadException
과 함께 애플리케이션이 중단된다. 코루틴의 모든 내용이 백그라운드 스레드에서 실행
중이며 UI 업데이트는 UI 스레드에서 일어나야 하기 때문이다.

▌ UI 디스패처 사용

백그라운드에서 스레드를 실행하기 위해 CoroutineDispatcher를 사용했던 것과 같은 방식으로, 메인 스레드에서 작업을 수행토록 CoroutineDispatcher를 사용할 수 있다.

플랫폼별 UI 라이브러리

JVM을 위한 GUI 애플리케이션이 많다는 점을 감안해서 코틀린은 플랫폼별로 코루틴 기능을 라이브러리로 분리했다.

- kotlinx-coroutines-android
- kotlinx-coroutines-javafx
- kotlinx-coroutines-swing

앞에서 설명한 대로 이러한 플랫폼은 동일한 UI 모델을 갖고 있으며 UI 스레드에서만 뷰를 생성하고 업데이트할 수 있다. 그렇기 때문에 작은 라이브러리들은 코루틴을 UI 스레드로 제한하기 위해 구현된 CoroutineDispatcher다.

 안드로이드 라이브러리 또한 안드로이드에 특정한 스레드 레벨에서의 사전 예외 처리도 지원한다.

의존성 추가

어떤 라이브러리가 필요한지 알았으므로 모듈의 gradle 파일 안에 있는 코루틴 의존성 아래에 간단히 추가한다.

```
implementation "org.jetbrains.kotlinx:kotlinx-coroutines-core:$coroutines_version"
implementation "org.jetbrains.kotlinx:kotlinx-coroutines-android:$coroutines_version"
```

안드로이드의 UI 코루틴 디스패처 사용

이렇게 하면 다른 것을 사용하던 방식과 똑같이 디스패처를 사용할 수 있다. 예를 들면 다음과 같다.

 안드로이드 UI 디스패처는 코루틴을 정식 지원하면서(정확히는 0.30.1) 안드로이드의 UI 디스패처는 Dispatchers.Main을 통해서 사용하도록 변경됐다.[5]

```
GlobalScope.launch(dispatcher) {
    val headlines = fetchRssHeadlines()
    val newsCount = findViewById<TextView>(R.id.newsCount)
    GlobalScope.launch(Dispatchers.Main) {
        newsCount.text = "Found ${headlines.size} News"
    }
}
```

 UI 디스패처는 방금 추가한 라이브러리인 kotlinx-coroutines-android에서 나왔다.[6]

코드를 실행하면 뉴스의 수량이 애플리케이션에 정확히 표시될 것이다.

▌ 요청 보류 여부를 위한 비동기 함수 생성

현재 뉴스의 수량을 요청하고 표시하는 코드의 상당 부분은 onCreate() 함수 안에 있다. activity 생성 부분과 혼재돼 있을 뿐 아니라, 코드를 재사용하기 어렵기 때문에 최

---

5 https://github.com/Kotlin/kotlinx.coroutines/blob/master/ui/coroutines-guide-ui.md - 옮긴이

6 위에서 언급했듯이, UI 디스패처는 kotlinx-coroutines-core의 Dispatchers.Main을 통해서 사용하도록 변경됐다. - 옮긴이

적이라고 보기는 어렵다. 그 부분에 새로 고침 버튼이 있다면 코루틴의 모든 코드를 재사용해야 한다.

코루틴을 별도 함수로 분리하는 것을 고려한다면 접근 방법은 다양하다. 여기서는 가장 일반적인 방법을 소개한다.

비동기 호출자로 감싼 동기 함수

첫 번째 방법은 꽤 간단하다. fetchRssHeadlines() 함수를 직접 호출해서 그 결과를 이전과 같은 방식으로 표시하는 loadNews() 함수를 만들 수 있다.

```
private fun loadNews(){
    val headlines = fetchRssHeadlines()
    val newsCount = findViewById<TextView>(R.id.newsCount)
    GlobalScope.launch(Dispatchers.Main) {
        newsCount.text = "Found ${headlines.size} News"
    }
}
```

함수는 동기 방식으로 호출된 같은 스레드에서 fetchRssHeadlines() 함수를 호출한다. 다음 코드를 보자.

```
override fun onCreate(savedInstanceState: Bundle?) {
    super.onCreate(savedInstanceState)
    setContentView(R.layout.activity_main)
    loadNews()
}
```

loadNews()는 호출된 스레드와 같은 스레드를 사용하는데, 피드를 가져오는 요청이 UI 스레드에서 일어나기 때문에 이렇게 하면 NetworkOnMainThreadException이 발생한다. 문제를 해결하려면 이전에 서비스 요청을 위해 생성한 디스패처를 사용한 것처럼, launch() 블록에서 loadNews() 호출을 감쌀 수 있다. 코드는 거의 같다.

```
override fun onCreate(savedInstanceState: Bundle?) {
    super.onCreate(savedInstanceState)
    setContentView(R.layout.activity_main)
    GlobalScope.launch (dispatcher) {
        loadNews()
    }
}
```

비동기로 실행되는 코드라는 것을 명시적으로 나타내는 좋은 사례로 볼 수 있다. 또한 loadNews()를 호출하는 호출자가 이미 백그라운드 스레드에 있다면 launch()나 async() 빌더를 사용할 필요 없이, 같은 백그라운드 스레드에서 뉴스를 가져올 수 있기 때문에 꽤 유연하다.

그러나 UI 스레드에서 loadNews()를 호출하는 부분이 많으면, 유사한 launch(dispatcher) {...} 블록이 코드에 많이 분산돼 코드에 대한 가시성이 떨어진다..

미리 정의된 디스패처를 갖는 비동기 함수

두 번째 옵션이다. launch()를 포함하고 결과인 Job을 반환하는 함수인 asyncLoadNews() 함수를 작성할 수 있다. 함수는 스레드와 상관없이 launch() 블록이 없는 상태로 호출될 수 있고 Job을 반환해서 호출자가 취소할 수 있다.

```
private fun asyncLoadNews() = GlobalScope.launch(dispatcher) {
    val headlines = fetchRssHeadlines()
    val newsCount = findViewById<TextView>(R.id.newsCount)
    launch(Dispatchers.Main) {
        newsCount.text = "Found ${headlines.size} News"
    }
}
```

fun asyncDo() = launch{...} 처럼 함수의 시그니처(signature)를 규정함으로써, 코루틴 안에서 함수 전체가 실행되도록 할 뿐 아니라, 작업을 위해 생성된 Job을 반환하도록 하고 있다. 모든 코루틴 빌더들은 비슷한 방식으로 사용될 수 있지만, 각자의 시그니처에 따라 결과를 다르게 반환한다. 그 예로 fun asyncDo() = async {...}는 Deferred〈T〉를 반환하고, runBlocking {...}는 T를 반환한다.

다음과 같이 코드를 감쌀 필요 없이 어디에서든지 함수를 호출할 수 있다.

```
override fun onCreate(savedInstanceState: Bundle?) {
    super.onCreate(savedInstanceState)
    setContentView(R.layout.activity_main)
    asyncLoadNews()
}
```

함수가 여러 곳에서 호출될 경우 코드를 단순화하지만 백그라운드 스레드에서 강제로 실행되기 때문에 함수의 유연성은 줄어든다.

코드 가독성에 있어서 제대로 된 함수 이름을 지정해야 한다는 단점이 생긴다. 이 함수를 loadNews()라는 이름으로 지정했다면, 함수를 호출하는 호출자는 이 기능이 비동기로 실행될지를 모를 수 있고 함수가 완료되는 것을 기다리지 않을 수 있다. 이는 레이스 컨디션race conditions이나 기타 동시성 문제로 이어지기도 한다.

이 방식은 함수의 이름을 올바로 지정했다는 가정에 기반한다. 잘못된 이름을 지정하면 함수를 사용하는 사람들이 호출이 완료될 때까지 코드를 일시 중단해야 한다는 것을 알지 못하기 때문에 버그가 쉽게 발생한다.

유연한 디스패처를 가지는 비동기 함수

디스패처를 함수의 선택적 파라미터로 설정해서 함수에 어느 정도의 유연성을 줄 수 있다.

```
private val defDsp = newSingleThreadContext(name = "ServiceCall")
private fun asyncLoadNews(dispatcher: CoroutineDispatcher = defDsp) =
GlobalScope.launch(dispatcher) {
    ...
}
```

호출자가 특정 CoroutineDispatcher로 코드를 실행할 수 있어서 좀더 유연한 방식이지만, 함수에 적절한 이름이 주어졌을 때만 명시적이라는 단점이 있다.

더 좋은 방식을 선택하기 위한 방법

지금까지 다룬 옵션들을 정리해본다.

- **코루틴으로 감싼 동기 함수**sync function : 가장 큰 장점은 정말로 명시적이라는 점이지만 이렇게 하면 꽤 장황하고 번거로워진다.
- **특정 디스패처를 갖는 비동기 함수**async function : 내용이 덜 장황해지는 반면에, 함수를 호출하는 호출자가 어떤 디스패처를 사용해야 할지 결정할 수 없어서 유연성이 떨어진다(만약 코루틴을 특정 스레드에 강제하고 싶다면 유용할 수는 있다). 비동기적인 함수라고 명시적으로 정의하는 것은 개발자에게 달려있는 부분으로, 그다지 이상적이지는 않다.
- **유연한 디스패처를 갖는 비동기 함수**: 함수를 호출하는 호출자가 어디서든 코루틴을 실행할 수 있지만 여전히 함수에 적절한 이름을 부여하는 것은 개발자의 몫이다.

  최선의 결정은 상황에 따라 달라질 수 있으며 모든 시나리오에 딱 맞는 해결 방법은 없다. 이 문제에 대한 내 의견을 적어본다.

- 플랫폼 제약이 있는가? 안드로이드에서는 UI 스레드에서 네트워크 요청을 할 수 없음을 알고 있기 때문에 네트워킹을 할 때 코드가 잘못된 스레드에서 호출을 시도하지 않도록 비동기 함수를 사용하는 것이 유용하다.

- 함수가 여러 곳에서 호출되는가? 여러 번 호출돼야 한다면 lauch()나 async() 블록으로 동기 함수를 감싸는 것이 좋다. 적당한 가독성과 함께 동시성을 명확히 해주지만, 같은 코드 조각을 모든 클래스에 전체적으로 적용해야 할 때는 비동기 함수에 만드는 편이 가독성을 높일 수 있다.

- 함수 호출자가 어떤 디스패처를 사용할지 결정하기를 원하는가? 경우에 따라 호출자가 무엇을 하려고 하는지 상관없이 특정 코드가 특정 디스패처에서 실행되도록 강제하기를 원한다(예: 원자성 위반을 피하기 위해)면, 이때 특정 디스패처를 갖는 비동기 함수가 필요하다.

- 이름이 정확하다고 보장할 수 있는가? 모든 팀이 비동기 함수임을 명확히 하기 위해 async 접두사(혹은 접미사)의 사용을 강제하지 못한다면 비동기 함수의 사용을 피한다. 동시성 함수의 명칭이 명확하지 않아서 코드가 중단되는 것이 이름이 장황해지는 것보다 더 나쁘다. 대개는 전자를 고치는 것이 후자를 고치는 것보다 더 많은 시간이 필요하다.

- 동기와 비동기 구현을 동일한 함수에서 모두 제공할 필요는 없으므로 어떠한 비용이 들더라도 이러한 경우는 피해야 한다. 이 방식의 나쁜 측면이 결국은 발생하리라 확신한다. 유일한 예외라면 여러분이 어떤 라이브러리를 작성하는 경우인데, 유연성을 위해 두 가지 옵션을 모두 제공해서 라이브러리를 사용하는 사용자가 자신의 필요에 맞게 결정하도록 한다.

- 같은 프로젝트에서 이러한 방법들을 과하게 혼용하지 않는다. 모든 방법은 유효하지만, 일관성을 위해서 코드 베이스에서 하나의 접근 방법을 사용하도록 최선을 다해야 한다. 표준의 부재와 일관성의 부재는 코드의 가독성에 영향을 줄 뿐 아니라 많은 버그를 초래하기도 한다.

▍ 요약

2장에서는 실제 코틀린에서의 동시성과 관련된 흥미로운 주제를 많이 다뤘다. 주요 내용들을 요약해본다.

- 안드로이드 애플리케이션은 네트워크 요청이 UI 스레드 상에서 수행된다면 NetworkOnMainThreadException을 발생시킨다.
- 안드로이드 애플리케이션은 UI 스레드에서는 UI만 업데이트할 수 있으며, 다른 스레드에서 수행하려고 하면, CalledFromWrongThreadException을 발생시킨다.
- 네트워크 요청은 백그라운드 스레드에서 수행해야 한다. 업데이트되는 뷰를 위한 정보는 UI 스레드로 전달해야 한다.
- CoroutineDispatcher는 코루틴을 특정 스레드 또는 스레드 그룹에서 실행하도록 할 수 있다.
- 하나 이상의 코루틴을 launch 또는 async로 스레드에서 실행할 수 있다.
- launch는 파이어-앤-포갯fire-and-forget와 같은 시나리오에서 사용돼야 하는데, 코루틴이 무언가를 반환할 것을 예상하지 않는 경우를 말한다.
- 코루틴이 처리될 결과를 생성할 때 async를 사용해야 한다. 결과를 처리하지 않고 async를 사용하면 예외가 전파되지 않는다.
- 코틀린은 안드로이드, Swing, JavaFX 등을 위한 특정 라이브러리를 갖고 있다. 각각은 UI 요소를 업데이트할 수 있는 적절한 코루틴 디스패처를 제공한다.
- 동시 코드를 작성하는 방법에는 여러 가지가 있지만, 명확하고 안전하며 일관성 있게 코틀린의 유연성을 최대한 활용하는 방법을 이해하는 것이 중요하다.

3장에서는 Job의 세부 사항, 연결된 이벤트를 제어하는 Job 계층을 만드는 방법과 더 이상 Job이 필요하지 않을 때 작업job 중지를 위한 채이닝chaining 사용법을 설명한다. 또한 피드에서 얻은 뉴스를 리사이클러 뷰recycler view에 표시하고 피드에 연결하지 못했을 때 오류 처리를 추가하는 작업을 해본다.

라이프 사이클과 에러 핸들링

애플리케이션에서 네트워크를 요청하기 위해 코루틴을 사용하게 됐으니 애플리케이션에 새로운 기능을 추가해 새로운 개념을 실습하고 사용자 경험을 향상시켜 보자.

3장에서는 두 가지 유형의 비동기 작업, 즉 잡Job 및 디퍼드Deferred에 대해 자세히 살펴본다. 두 유형의 유사점과 차이점은 무엇인지 그리고 이들의 라이프 사이클에 대해서도 자세히 알아볼 것이다. 이들의 현재 상태를 어떻게 산출하고 각 상태에 따라 예상되는 내용이 무엇인지에 대해서도 공부한다. 여러 뉴스 매체에서 동시에 뉴스를 가져오고 뉴스 피드에 도달할 수 없을 때 다음 새로 소개하는 주제들을 사용해 예외를 처리하도록 RSS 리더를 개선해본다.

3장에서 다루는 주제는 다음과 같다.

- 잡^{Job}과 그 사용사례
- 잡과 디퍼드^{Deferred}의 라이프 사이클
- 디퍼드 사용사례
- 잡의 각 상태별 예상되는 사항
- 잡의 현재 상태를 산출하는 방법
- 예외 처리 방법

▌ 잡과 디퍼드

비동기 함수를 다음과 같이 두 그룹으로 나눠 볼 수 있다.

- **결과가 없는 비동기 함수**: 일반적인 시나리오로는 로그에 기록하고 분석 데이터를 전송하는 것과 같은 백그라운드 작업을 들 수 있다. 완료 여부를 모니터링할 수 있지만 결과를 갖지 않는 백그라운드 작업이 이런 유형에 속한다.
- **결과를 반환하는 비동기 함수**: 예를 들어 비동기 함수가 웹 서비스에서 정보를 가져올 때 거의 대부분 해당 함수를 사용해 정보를 반환하고자 할 것이다.

두 가지 중 어떤 경우이건 해당 작업에 접근하고 예외가 발생하면 그에 대응하거나, 해당 작업이 더 이상 필요하지 않을 때는 취소한다. 두 가지 유형을 어떻게 생성하고 상호 작용할 수 있는지 살펴보자.

잡

잡은 파이어–앤–포겟fire and forget 작업이다. 한 번 시작된 작업은 예외가 발생하지 않는 한 대기하지 않는다. 다음과 같이 코루틴 빌더인 launch()를 사용해 잡을 생성하는 방법이 가장 일반적이다.

```
fun main(args: Array<String>) = runBlocking {
    val job = GlobalScope.launch {
            // Do background task here
      }
}
```

다음과 같이 Job() 팩토리 함수를 사용할 수도 있다.

```
fun main(args: Array<String>) = runBlocking {
    val job = Job()
}
```

 잡은 인터페이스로, launch()와 Job()은 모두 JobSupport의 구현체를 반환한다. 앞으로 보게 될 텐데 JobSupport는 잡을 확장한 인터페이스인 Job.Deferred의 여러 구현체의 기반이다.

예외 처리

기본적으로 잡 내부에서 발생하는 예외는 잡을 생성한 곳까지 전파된다. 잡이 완료되기를 기다리지 않아도 발생한다. 다음 예제를 살펴보자.

```kotlin
fun main(args: Array<String>) = runBlocking {
    GlobalScope.launch {
                TODO("Not Implemented!")
    }

    delay(500)
}
```

 여기에서는 delay()를 사용해 충분한 시간 동안 앱을 실행하게 해서 예외가 발생하게 했다. 잡이 완료될 때까지 대기하지 않더라도 예외가 전파된다는 것을 보여주기 위해 의도적으로 join()을 사용하지 않았다.

이렇게 하면 현재 스레드의 포착되지 않은 예외 처리기Uncaught Exception Handler에 예외가 전파된다. JVM 애플리케이션이라면 표준 오류 출력에 다음과 같이 예외가 출력됨을 의미한다.

```
/usr/lib/jvm/java-8-openjdk/bin/java ...
Exception in thread "ForkJoinPool.commonPool-worker-1" kotlin.NotImplementedError: An operation is not implemented: Not Implemented!
    at chapter3.job.JobKtsmains1$1.doResume(job.kt:8)
    at kotlin.coroutines.experimental.jvm.internal.CoroutineImpl.resume(CoroutineImpl.kt:54)
    at kotlinx.coroutines.experimental.DispatchedTask$DefaultImpls.run(Dispatched.kt:161)
    at kotlinx.coroutines.experimental.DispatchedContinuation.run(Dispatched.kt:25)
    at java.util.concurrent.ForkJoinTask$RunnableExecuteAction.exec(ForkJoinTask.java:1402)
    at java.util.concurrent.ForkJoinTask.doExec(ForkJoinTask.java:289)
    at java.util.concurrent.ForkJoinPool$WorkQueue.runTask(ForkJoinPool.java:1056)
    at java.util.concurrent.ForkJoinPool.runWorker(ForkJoinPool.java:1692)
    at java.util.concurrent.ForkJoinWorkerThread.run(ForkJoinWorkerThread.java:157)
```

 이후, 예외 처리를 위해 CoroutineExceptionHandler와 invokeOnCompletion()를 어떻게 사용하는지 소개한다.

라이프 사이클

다음은 잡의 라이프 사이클을 보여주는 다이어그램이다.

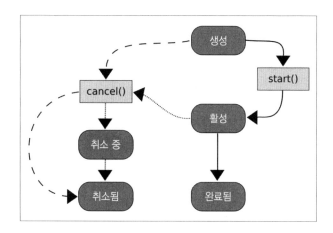

 기본적으로 잡은 생성되는 즉시 시작된다. 이것은 잡이 launch()로 생성되거나 Job()으로 생성될 때 발생한다. 좀더 살펴보면 알겠지만 잡을 생성할 때 시작하지 않게 하는 것도 가능하다.

다이어그램에는 다섯 가지 상태가 있다.

- New(생성): 존재하지만 아직 실행되지 않는 잡
- Active(활성): 실행 중인 잡. 일시 중단된 잡도 활성으로 간주된다.
- Completed(완료 됨): 잡이 더 이상 실행되지 않는 경우
- Canceling(취소 중): 실행 중인 잡에서 cancel()이 호출되면 취소가 완료될 때까지 시간이 걸리기도 한다. 이것은 활성과 취소 사이의 중간 상태다.
- Cancelled(취소 됨): 취소로 인해 실행이 완료된 잡. 취소된 잡도 완료로 간주될 수 있다.

생성

잡은 기본적으로 launch()나 Job()을 사용해 생성될 때 자동으로 시작된다. 잡을 생성할 때 자동으로 시작되지 않게 하려면 CoroutineStart.LAZY를 사용해야 한다. 다음 예제를 살펴보자.

```
fun main(args: Array<String>) = runBlocking {
    GlobalScope.launch(start = CoroutineStart.LAZY) {
                    TODO("Not implemented yet!")
    }

    delay(500)
}
```

코드를 실행하면 오류가 출력되지 않는다. 작업이 생성됐지만 시작된 적이 없으므로 예외가 발생하지 않는다.

활성

생성 상태에 있는 잡은 다양한 방법으로 시작할 수 있지만 일반적으로 start()나 join()을 호출해서 실행하는데, 둘의 차이점은 전자의 경우 잡이 완료될 때까지 기다리지 않고 잡을 시작하는 반면 후자는 잡이 완료될 때까지 실행을 일시 중단한다는 점이다. 다음 예제를 살펴보자.

102

```
fun main(args: Array<String>) {
    val job = GlobalScope.launch(start = CoroutineStart.LAZY) {
        delay(3000)
        }

        job.start()
}
```

앞의 코드는 job.start()가 호출될 때 실행을 일시 중단하지 않으므로 애플리케이션이
job이 완료되는 것을 기다리지 않고 실행을 끝낸다.

 start()는 실행을 일시 중단하지 않으므로 일시 중단 함수(suspending function)나 코루틴에
서 호출할 필요가 없다. 애플리케이션의 어느 부분에서도 호출할 수 있다.

join()을 사용하면 애플리케이션이 job을 완료할 때까지 대기한다.

```
fun main(args: Array<String>) = runBlocking {
    val job = GlobalScope.launch(start = CoroutineStart.LAZY) {
        delay(3000)
        }

        job.join()
}
```

 join()은 실행을 일시 중단할 수 있으므로 코루틴 또는 일시 중단 함수에서 호출해야 한다.
이를 위해 runBlocking()이 사용되고 있음에 유의하자.

따라서 시작된 모든 잡은 활성 상태이며 실행이 완료되거나 취소가 요청될 때까지 활
성 상태가 된다.

취소 중

취소 요청을 받은 활성 잡은 취소 중^{canceling}이라고 하는 스테이징 상태로 들어갈 수 있다. 잡에 실행을 취소하도록 요청하려면 cancel() 함수를 호출해야 한다.

```
fun main(args: Array<String>) = runBlocking {
    val job = GlobalScope.lanch {
        // Do some work here
        delay(5000)
    }

    delay(2000)
    job.cancel()
}
```

잡 실행은 2초 후에 취소된다. cancel()에는 선택적 매개변수인 cause가 있다. 예외가 취소의 원인일 때는 원인을 같이 제공해 주면 나중에 찾아볼 수 있다.

 kotlinx.coroutines 1.0.0—RC1 에서 job.cancel(cause)는 deprecated 됐다.

```
fun main(args: Array<String>) = runBlocking {
    val job = GlobalScope.launch {
        // Do some work here
        delay(5000)
    }

    delay(2000)
    // cancel with a cause
    job.cancel(cause = Exception("Timeout!"))
}
```

cancelAndJoin() 함수도 있다. 이름에서 알 수 있듯이, 실행을 취소할 뿐만 아니라 취소가 완료될 때까지 현재 코루틴을 일시 중단한다.

 현재는 원인(cause)을 매개변수로 갖는 cancelAndJoin()에 대한 구현이 없다.

취소됨

취소 또는 처리되지 않은 예외로 인해 실행이 종료된 잡은 취소됨cancelled으로 간주된다. 잡이 취소되면, getCancellationException() 함수를 통해 취소에 대한 정보를 얻을 수 있다. 이 함수는 CancellationException을 반환하는데 취소 원인 등의 정보를 검색할 때 사용할 수 있다. 다음은 그 예시다.

```
fun main(args: Array<String>) = runBlocking {
    val job = GlobalScope.launch {
        delay(5000)
    }

    delay(2000)

    // cancel
    job.cancel(cause = CancellationExeption("Tired of waiting"))

    val cancellation = job.getCancellationException()
    printf(cancellation.message)
}
```

취소된 잡과 예외로 인해 실패한 잡을 구별하기 위해 다음과 같이 CoroutineException Handler를 설정해 취소 작업을 처리하는 것이 좋다.

```
fun main(args: Array<String>) = runBlocking {
    val exceptionHandler = CoroutineExceptionHandler {
        _: CoroutineContext, throwable: Throwable ->
        println("Job cancelled due to ${throwable.message}")
    }

    GlobalScope.launch(exceptionHandler) {
                    TODO("Not implemented yet!")
    }

    delay(2000)
}
```

다음과 같이 invokeOnCompletion()을 사용할 수도 있다.

```
fun main(args: Array<String>) = runBlocking<Unit> {
    GlobalScope.launch {
                    TODO("Not implemented yet!")
    }.invokeOnCompletion { cause ->
        cause?.let {
            println("Job cancelled due to ${it.message}")
        }
    }

    delay(2000)
}
```

완료됨

실행이 중지된 잡은 완료됨^{completed}으로 간주된다. 이는 실행이 정상적으로 종료됐거나
취소됐는지 또는 예외 때문에 종료됐는지 여부에 관계없이 적용된다. 이러한 이유로 취
소된 항목은 완료된 항목의 하위 항목으로 간주되기도 한다.

잡의 현재 상태 확인

잡에는 상태가 많아서 외부에서 현재 상태를 파악하는 방법을 알아야 한다.

잡은 이를 위해 다음과 같은 세 가지 속성을 갖고 있다.

- isActive: 잡이 활성 상태인지 여부. 잡이 일지 중지인 경우도 true를 반환한다.
- isCompleted: 잡이 실행을 완료했는지 여부
- isCancelled: 잡 취소 여부. 취소가 요청되면 즉시 true가 된다.

속성들은 이전에 나열된 상태 목록과 쉽게 매핑될 수 있다.

상태(State)	isActive	isCompleted	isCancelled
생성됨(Created)	false	false	false
활성(Active)	true	false	false
취소 중(Cancelling)	false	false	true
취소됨(Cancelled)	false	true	true
완료됨(Completed)	false	true	false

 잡을 설명하는 문서에는 완료 중(completing)이라고 하는 내부 상태가 있다. 이 상태는 내부 상태이며, 시그니처(signature)는 활성(Active) 상태와 유사하다는 점을 고려할 때 개별 상태로는 다루지 않는다.

디퍼드

디퍼드Deferred, 지연는 결과를 갖는 비동기 작업을 수행하기 위해 잡을 확장한다.

다른 언어에서 퓨처Futures 또는 프로미스Promises라고 하는 것의 코틀린 구현체가 디퍼드다. 기본적인 콘셉트는 연산이 객체를 반환할 것이며, 객체는 비동기 작업이 완료될 때까지 비어 있다는 것이다.

디퍼드와 그 상태의 라이프 사이클은 잡과 비슷하다. 실제 차이점은 2장에서 봤던 반환 유형과 앞으로 설명할 에러 핸들링이다.

 글을 쓰는 시점에서 디퍼드는 잡에는 없는, 실패한(failed) 상태를 가지고 있는데 디퍼드의 라이프 사이클을 단순화하기 위해 제거될 예정이다. 디퍼드를 사용할 때 실패한 상태를 기반으로 사용하지 않는 것이 좋겠다. 변경사항에 대한 이유를 자세히 알아 보려면 코루틴의 깃헙 저장소에 있는 이슈 220을 참조하자.[1]

디퍼드를 만들려면 2장에서 했던 것처럼 async를 사용할 수 있다.

```
fun main(args: Array<String>) = runBlocking {
    val headlinesTask = GlobalScope.async {
        getHeadlines()
    }

    headlinesTask.await()
}
```

또는 CompletableDeferred의 생성자를 사용할 수 있다.

```
val articlesTask = CompletableDeferred<List<Article>>()
```

 디퍼드는 퓨처(Future)와 동의어다. 이 이름은 JVM의 java.util.concurrent.Future와의 혼란을 피하기 위해 선택됐다.

---

1 2018년 2월에 failed와 cancelled의 구분을 폐지한다고 공표했다(참조:https://github.com/Kotlin/kotlinx.coroutines/issues/220). – 옮긴이

예외 처리

순수한 잡과 달리 디퍼드는 처리되지 않은 예외를 자동으로 전파하지 않는다. 디퍼드의 결과를 대기할 것으로 예상하기 때문에 이런 방식을 사용했다. 실행이 성공했는지 확인하는 것은 사용자의 몫이다. 다음은 기다리지 않는 디퍼드의 예시 코드다.

```kotlin
fun main(args: Array<String>) = runBlocking {
    val deferred = GlobalScope.async {
        TODO("Not implemented yet!")
    }

    // Wait for it to fail
    delay(2000)
}
```

앞의 예제는 지연된 실패를 갖지만 예외를 전파하지는 않는다. 여기에서는 디퍼드의 실행을 모니터링하지 않는 시나리오를 재현할 수 있도록 delay()를 사용하고 있다. 디퍼드는 모니터링하도록 돼 있으므로, 이렇게 해서는 안 된다.

예외를 쉽게 전파할 수 있는 방법을 알아본다.

```kotlin
fun main(args: Array<String>) = runBlocking<Unit> {
    val deferred = GlobalScope.async {
        TODO("Not implemented yet!")
    }

    // Let it fail
    deferred.await()
}
```

앞의 코드와 다르게 이 코드는 예외를 전파하고 애플리케이션을 중단시킬 것이다.

```
Run:    chapter3.deferred.exception.await.AwaitKt
        /Library/Java/JavaVirtualMachines/jdk1.8.0_171.jdk/Contents/Home/bin/java ...
        Exception in thread "main" kotlin.NotImplementedError: An operation is not implemented: Not implemented yet!
            at chapter3.deferred.exception.await.AwaitKt$main$1$deferred$1.doResume(await.kt:15)
            at kotlin.coroutines.experimental.jvm.internal.CoroutineImpl.resume(CoroutineImpl.kt:42)
            at kotlinx.coroutines.experimental.DispatchedTask$DefaultImpls.run(Dispatched.kt:162)
            at kotlinx.coroutines.experimental.AbstractContinuation.run(AbstractContinuation.kt:31) <5 internal calls>

        Process finished with exit code 1
```

디퍼드의 실행이 코드 흐름의 필수적인 부분임을 나타내는 것이기 때문에 await()을 호출하는 이런 방식으로 설계됐다. 이 방법을 사용하면 명령형^{imperative}으로 보이는 비동기 코드를 보다 쉽게 작성할 수 있고 try-catch 블록을 사용해 예외를 처리할 수 있다.

```kotlin
fun main(args: Array<String>) = runBlocking<Unit> {
    val deferred = GlobalScope.async {
        TODO("Not implemented yet!")
    }

    try {
        deferred.await()
    } catch (throwable: Throwable) {
        println("Deferred cancelled due to ${throwable.message}")
    }
}
```

CoroutineExceptionHandler를 잡에 사용한 것과 같은 방식으로 사용할 수 있다.

 이 장의 나머지 부분에서는 잡과 디퍼드를 모두 잡으로 표기할 텐데 잡이 베이스 인터페이스이기 때문이다. 별도로 명시하지 않는 한, 잡에 대해 언급한 내용은 모두 디퍼드에도 적용된다.

상태는 한 방향으로만 이동

일단 잡이 특정 상태에 도달하면 이전 상태로 되돌아가지 않는다. 다음 애플리케이션을 살펴보자.

```
fun main(args: Array<String>) = runBlocking {
    val time = measureTimeMillis {
        val job = GlobalScope.launch {
            delay(2000)
        }
        // Wait for it to complete once
        job.join()

        // Restart the Job
        job.start()
        job.join()
    }
    println("Took $time ms")
}
```

코드는 2초 동안 실행을 일시 중단하는 잡을 만든다. 처음 호출한 job.join()이 완료되면 잡을 다시 시작하기 위해 start() 함수가 호출되고, 두 번째 join()을 호출해서 두 번째 실행이 끝날 때까지 대기한다. 전체 실행 시간을 측정하고 time 변수에 저장한다.

코드의 실행 시간은 다음과 같다.

총 실행에는 약 2초가 걸렸으므로 잡이 한 번만 실행됐음을 보여준다. 완료된 잡에서 start()를 호출해 다시 시작했다면 총 실행 시간은 약 4초가 될 것이다.

이전에 기술한 내용(일단 잡이 특정 상태에 도달하면 이전 상태로 되돌아가지 않는다)과 일치한다. 잡은 완료됨Completed 상태에 도달했으므로 start()를 호출해도 아무런 변화가 없다.

 완료됨 잡에서 join()을 호출해도 아무 일도 일어나지 않는다. 작업이 이미 완료됐으므로 일시 중단이 일어나지 않는다.

최종 상태의 주의 사항

일부 잡의 상태는 최종 상태final state로 간주된다. 최종 상태는 잡을 옮길 수 없는 상태다. 잡이 이전 상태로 돌아가지 않을 것이라는 점을 고려하면 해당 상태는 취소됨Cancelled과 완료됨Completed이다.

❘ RSS – 여러 피드에서 동시에 읽기

잡의 라이프 사이클에 대한 이해를 높였으니 안드로이드 RSS 리더로 돌아가서 기능을 개선해보자.

피드 목록 지원

안드로이드 스튜디오 프로젝트로 돌아가서 가져올 피드를 담을 변경 불가능한 목록immutable list을 만든다. 현재로선 3개의 피드면 충분하다.

```
class MainActivity : AppCompatActivity() {

        val feeds = listOf(
                "https://www.npr.org/rss/rss.php?id=1001",
                "http://rss.cnn.com/rss/cnn_topstories.rss",
                "http://feeds.foxnews.com/foxnews/politics?format=xml"
        )
...
}
```

NPR, CNN 및 Fox News의 URL을 포함하는 피드 목록이 있으니 fetchRssHeadlines() 함수를 수정해서 목적에 맞게 수정하자.

```
private fun asyncFetchHeadlines(feed: String,
            dispatcher: CoroutineDispatcher) = GlobalScope.async(dispatcher) {
    val builder = factory.newDocumentBuilder()
    val xml = builder.parse(feed)
    val news = xml.getElementsByTagName("channel").item(0)

    (0 until news.childNodes.length)
            .map { news.childNodes.item(it) }
            .filter { Node.ELEMENT_NODE == it.nodeType }
            .map { it as Element }
            .filter { "item" == it.tagName }
            .map {
                it.getElementsByTagName("title").item(0).textContent
            }
}
```

이제 함수는 단일 피드 대신 뉴스를 가져오는 데 사용할 URL로 feed 인수를 사용한다.
이를 통해 둘 이상의 피드에서 헤드라인을 가져올 수 있다. 게다가 디스패처를 인수로
사용하는 비동기 함수가 되도록 함수의 시그니처가 변경됐다.

앞에서 권고했듯이 함수의 이름에 async를 포함하도록 수정했다. 가독성을 높이기 위해 이름이 짧아졌다.

스레드 풀 만들기

다음은 디스패처를 업데이트하는 단계다. 크기가 2인 스레드 풀을 만들고 IO로 이름을 바꾼다.

```
val dispatcher = newFixedThreadPoolContext(2, "IO")
```

asyncFetchHeadlines()는 서버에서 정보를 가져올 뿐 아니라 파싱도 하기 때문에 풀의 크기를 늘린다. XML을 파싱하는 오버 헤드는 단일 스레드를 사용하는 경우 성능에 영향을 준다. 때로는 다른 스레드의 파싱이 완료될 때까지 한 피드로부터 정보를 가져오는 것이 지연될 수 있다.

데이터를 동시에 가져오기

이제는 동시에 여러 피드에 요청을 보내기 위해 필요한 모든 것을 갖췄다. 목록에서 각 피드당 하나의 디퍼드를 생성한다. 먼저 asyncLoadNews() 함수를 수정해 대기하는 모든 디퍼드를 추적할 수 있는 목록을 만들어보자.

```
private fun asyncLoadNews() = GlobalScope.launch {
    val requests = mutableListOf<Deferred<List<String>>>()
    ...
}
```

그런 다음 각 피드별로 가져온 요소를 피드 목록에 추가한다.

```
val requests = mutableListOf<Deferred<List<String>>>()

feeds.mapTo(requests) {
    asyncFetchHeadlines(it, dispatcher)
}
```

각 코드가 완료될 때까지 대기하는 코드를 추가한다.

```
requests.forEach {
        it.await()
}
```

응답 병합

현재 구현된 asyncLoadNews()는 각 요청이 끝날 때까지 대기한다. 그러나 각각이 헤드라인의 목록을 반환하기 때문에 이들을 하나의 리스트에 담고 싶을 것이다. 이를 위해 각 디퍼드의 내용을 플랫 맵^{flat map}을 이용해 담을 수 있다.

```
val headlines = requests.flatMap {
    it.getCompleted()
}
```

세 개의 피드에서 동시에 가져온 모든 헤드 라인을 포함하는 headlines 변수가 생겼다. 현재 asyncLoadNews()는 두 부분으로 구성돼 있다. 첫 번째는 데이터를 가져오고 구성하는 것이다.

```
private fun asyncLoadNews() = GlobalScope.launch {
    val requests = mutableListOf<Deferred<List<String>>>()

    feeds.mapTo(requests) {
        asyncFetchHeadlines(it, dispatcher)
    }
    requests.forEach {
        it.await()
    }

    val headlines = requests.flatMap {
        it.getCompleted()
    }
    ...
}
```

두 번째는 첫 번째 바로 아래 부분으로 헤드 라인의 개수를 UI상에 표시한다

```
val newsCount = findViewById<TextView>(R.id.newsCount)

GlobalScope.launch(Dispatchers.Main) {
        newsCount.text = "Found ${headlines.size} News"
}
```

두 번째 부분을 수정해서 가져온 피드 개수가 출력한 메시지에 표시되도록 한다.

```
val newsCount = findViewById<TextView>(R.id.newsCount)

launch(Dispatchers.Main) {
        newsCount.text = "Found ${headlines.size} News " +
                        "in ${requests.size} feeds"
}
```

동시 요청 테스트

새로 구현한 소스를 실행하면 훨씬 더 많은 뉴스를 얻을 수 있다.

넌 해피 패스 – 예기치 않은 중단

각 디퍼드가 완료될 때까지 대기하기 위한 방법을 살펴보자.

```
private fun asyncLoadNews() = GlobalScope.launch {
    val requests = mutableListOf<Deferred<List<String>>>()

    feeds.mapTo(requests) {
        asyncFetchHeadlines(it, dispatcher)
    }
    requests.forEach {
        it.await()
    }
    ...
}
```

코루틴이 완료될 때까지 await()를 사용해 대기하므로, 코루틴 내부에서 발생하는 예외는 현재 스레드로 전파된다. 다음과 같이 애플리케이션이 쉽게 중단될 수 있는 두 개의 시나리오가 존재한다는 것을 의미한다.

- 인터넷이 연결되지 않은 경우
- 하나 이상의 피드 URL이 유효하지 않거나 잘못된 경우

그중 하나를 시험해보자. 다음과 같이 피드 목록에 잘못된 URL을 추가한다.

```
private val feeds = listOf(
        "https://www.npr.org/rss/rss.php?id=1001",
        "http://rss.cnn.com/rss/cnn_topstories.rss",
        "http://feeds.foxnews.com/foxnews/politics?format=xml",
        "htt:myNewsFeed"
)
```

애플리케이션을 실행하면 이 피드를 가져오자마자 애플리케이션을 중단한다.

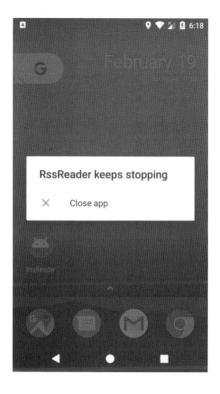

로그는 예외를 명확하게 보여준다. 프로토콜이 존재하지 않으므로 요청이 실패한다.

```
02-19 18:23:54.356 E/AndroidRuntime: FATAL EXCEPTION: ForkJoinPool.commonPool-worker-1
                    Process: co.starcarr.rssreader, PID: 15481
                    java.net.MalformedURLException: unknown protocol: htt
                        at java.net.URL.<init>(URL.java:596)
                        at java.net.URL.<init>(URL.java:486)
                        at java.net.URL.<init>(URL.java:435)
```

디퍼드가 예외를 갖도록 하기

예외를 처리하는 쉬운 방법은 await() 대신 join()을 사용해 디퍼드를 기다리는 것이다. 이렇게 하면 대기할 때 예외가 전파되지 않는다. 수정된 코드는 다음과 같다.

```
private fun asyncLoadNews() = GlobalScope.launch {
    val requests = mutableListOf<Deferred<List<String>>>()

    feeds.mapTo(requests) {
        asyncFetchHeadlines(it, dispatcher)
    }

    requests.forEach {
        it.join()
    }
    ...
}
```

애플리케이션을 실행해보면 여전히 중단되는 모습을 확인할 수 있다. 디퍼드를 기다릴 때 예외를 전파하지 않더라도 요청을 읽을 때 예외를 전파해서 이런 일이 발생한다. 디퍼드에서 getCompleted()를 호출하면 디퍼드는 예외로 인해 취소됐기 때문에 예외가 발생한다.

디퍼드가 실패하지 않았을 때만 getCompleted()가 호출되도록 코드를 바꿔야 한다.

```
val headlines = requests
        .filter { !it.isCancelled }
        .flatMap { it.getCompleted() }
```

> 글을 쓰는 시점에서 코틀린 팀은 앞의 코드가 예상대로 작동하도록 노력하고 있다. 헤드 라인 목록이 올바르게 로딩되지 않았다면 isCancelled를 isCompletedExceptionally로 교체하자. 이 책이 출간될 즈음 isCompletedExceptionally의 유지보수가 중단(deprecated)됐기 때문에 isCompletedExceptionally를 따로 설명하지 않기로 했다. 자세한 내용은 코루틴의 깃헙 리포지토리에서 이슈 220을 참조하자.[2]

잘못된 피드가 목록에 추가될 때 애플리케이션의 실행이 중단되지 않는다. 네트워크 연결이 없는 장치도 중단 없이 실행된다.

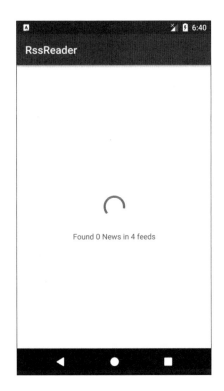

---

2 해당 내용은 https://github.com/Kotlin/kotlinx.coroutines/issues/220를 참조하자. – 옮긴이

예외를 무시하지 말 것!

피드에서 뉴스를 얻거나 처리할 때 애플리케이션이 중단되지 않는 수준까지 도달했지만, 여기에 뭔가 잘못된 점이 있다. 현재 우리는 예외를 제쳐두고 그와 관련해서 아무것도 하지 않고 있다. 앞의 그림을 보면 많은 사용자들은 가져올 뉴스가 없는 것처럼 보이는데, 전화기가 오프라인이라서 정보를 가져올 수 없었던 것이 아니다. 피드의 URL 중 하나가 유효하지 않을 때 다른 세 개의 피드와 함께 처리된 것처럼 보이도록 했으며, 그 잘못된 피드의 뉴스는 결과의 일부분이다.

예외를 무시하는 것은 나쁜 관행이며 고쳐야 한다. 앱에 라벨을 추가해서 가져오지 못한 피드의 수를 표시한다. 먼저 액티비티 XML로 이동해 현재 라벨에 이어 두 번째 라벨을 추가한다.

```
<TextView
    android:id="@+id/warnings"
    android:layout_width="wrap_content"
    android:layout_height="wrap_content"
    android:layout_marginTop="20dp"
    app:layout_constraintTop_toBottomOf="@id/newsCount"
    app:layout_constraintLeft_toLeftOf="parent"
    app:layout_constraintRight_toRightOf="parent" />
```

이제 액티비티로 돌아가 예외가 발생된 피드 수를 가져와야 한다. 성공한 코드 바로 다음에 추가한다.

```
val headlines = requests
        .filter { !it.isCancelled }
        .flatMap { it.getCompleted() }

val failed = requests
        .filter { it.isCancelled }
        .size
```

글을 쓰는 시점에서 코틀린 팀은 위의 코드가 예상대로 작동하도록 노력하고 있다. 헤드 라인 목록이 올바르게 로딩되지 않았다면 isCancelled를 isCompletedExceptionally로 교체하자. 이 책이 출간될 즈음 isCompletedExceptionally가 유지보수가 중단(deprecated)됐기 때문에 isCompletedExceptionally를 따로 설명하지 않기로 결정했다. 자세한 내용은 코루틴의 Github 리포지토리에서 이슈 220을 참조하자.[3]

텍스트를 설정하려면 뷰^{View}를 가져와야 한다. 현재 요약을 가진 뷰를 얻는 곳 아래에 추가한다. 그리고 성공적인 요청 수를 갖는 변수를 추가한다.

```
val newsCount = findViewById<TextView>(R.id.newsCount)
val warnings = findViewById<TextView>(R.id.warnings)
val obtained = requests.size - failed
```

마지막으로 정확한 정보 표시를 위해 UI 블록을 수정할 수 있다.

```
GlobalScope.launch(Dispatchers.Main) {
        newsCount.text = "Found ${headlines.size} News " +
                        "in $obtained feeds"

        if (failed > 0) {
            warnings.text = "Failed to fetch $failed feeds"
          }
}
```

---

3 해당 내용을 https://github.com/Kotlin/kotlinx.coroutines/issues/220를 참조 – 옮긴이

이제 사용자에게 정확한 정보를 표시할 수 있다.

▌ 요약

3장에는 코루틴을 사용하기 위한 필수적인 정보가 수록돼 있다. 모니터링할 때 잡의 다양한 상태state와 현재의 상태를 산출하는 방법을 아는 것이 중요하다. 이 장에서 다룬 주제를 다시 살펴보면 다음과 같다.

- 잡Job은 아무것도 반환하지 않는 백그라운드 작업에 사용된다.
- 디퍼드Deferred는 백그라운드 작업이 수신하려는 것을 반환할 때 사용된다.

- 잡은 다양한 상태값을 갖는다: 생성New, 활성Active, 취소 중Canceling, 취소됨 Cancelled 및 완료됨Completed

- 잡의 현재 상태를 파악하기 위해 isActive, isCancelled 및 isCompleted 속성을 사용할 수 있다.

- 디퍼드는 잡을 확장해 무언가를 반환할 가능성을 높인다.

- 디퍼드가 가질 수 있는 상태는 잡의 상태와 같다.

- 잡의 상태는 앞으로만 이동할 수 있다. 이전 상태로 되돌릴 수 없다.

- 최종 상태final states는 잡이 이동할 수 없는 상태 중 하나다.

- 잡의 최종 상태는 취소됨Cancelled 및 완료됨Completed 이다.

- join()을 사용해 디퍼드가 대기된 경우, 예외가 전파되지 않도록 값을 읽기 전에 취소됐는지 여부를 확인해야 한다.

- 항상 잡에 예외를 기록하거나 표시하자.

다음 장에서는 스크롤 가능한 목록에 뉴스를 표시하도록 애플리케이션의 UI를 수정한다. 거기서부터는 중요한 주제인 일시 중단 함수suspending function로 넘어간다. 실제 사용된 사례와 함께 내용을 자세히 알아보며 RSS 리더에 해당 기능들을 추가해본다.

04

일시 중단 함수와 코루틴 컨텍스트

지금까지는 일시 중단 코드 작성을 launch, async와 같은 코루틴 빌더를 이용하는 것으로 제한해 왔지만, 코틀린은 더 많은 방법을 제공한다. 4장에서는 검색한 기사article를 실제로 표시하도록 RSS 리더를 업데이트한다. 그 다음으로 일시 중단 함수suspending functions을 배워보고 지금까지 사용했던 비동기 함수와 비교해본다. 코루틴 컨텍스트와 그 사용법도 자세히 다룰 것이다.

4장에서 다루는 내용은 다음과 같다.

- 일시 중단 함수의 개요
- 일시 중단 함수를 사용하는 방법
- 일시 중단 함수 대신 비동기 함수를 사용하는 경우

- 코루틴 컨텍스트^{Coroutine Context}
- 디스패처^{dispatcher}, 예외 처리기^{exception handlers} 및 취소 불가^{non-cancellables}와 같은 다양한 유형의 컨텍스트
- 코루틴 동작을 정의하기 위한 컨텍스트의 결합 및 분리

▌ RSS 리더 UI 개선

RSS 리더를 보다 더 사용자 친화적으로 만들 적당한 시점이다. 뉴스 기사 정보를 사용자가 스크롤 할 수 있는 목록으로 표시하도록 애플리케이션을 변경하고, 기사의 헤드라인 뿐 아니라 기사의 요약과 기사가 포함된 피드를 표시한다.

각 피드에 이름 부여

먼저 데이터 클래스를 구성할 수 있도록 새로운 패키지인 model을 작성하고 다음과 같이 model.kt 코틀린을 그 안에 생성해보자.

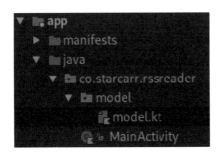

URL뿐만 아니라 이름으로도 피드를 식별할 수 있기 원하기 때문에, 새 모델 파일 안에 Feed라는 이름의 데이터 클래스를 만든다. 클래스는 각 피드에 대한 name과 url을 쌍으로 갖는다.

```
package co.starcarr.rssreader.model
    data class Feed(
        val name: String,
        val url: String
)
```

이제 MainActivity에 있는 feeds의 내용을 Feed 유형이 되도록 업데이트할 수 있다. 목
록의 마지막 요소는 잘못된 피드라는 점에 유의한다.

```
private val feeds = listOf(
        Feed("npr", "https://www.npr.org/rss/rss.php?id=1001"),
        Feed("cnn", "http://rss.cnn.com/rss/cnn_topstories.rss"),
        Feed("fox", "http://feeds.foxnews.com/foxnews/latest?format=xml"),
        Feed("inv", "htt:myNewsFeed")
)
```

asyncFetchHeadlines() 함수를 변경해 Feed를 가져오고 해당 URL 속성을 사용해 피드
를 가져오는 것이 좋다.

```
private fun asyncFetchHeadlines(feed: Feed,
        dispatcher: CoroutineDispatcher) = GlobalScope.async(dispatcher) {
    val builder = factory.newDocumentBuilder()
    val xml = builder.parse(feed.url)
    ...
}
```

피드의 기사에 대한 자세한 정보 가져오기

각 기사에 대해서 feed, title, summary를 포함하는 자세한 정보를 표시하려고 한다. 정
보를 저장할 데이터 클래스를 만들어보자. Feed 바로 다음에 만들 수 있다.

```
package co.starcarr.rssreader.model

data class Feed(
    val name: String,
    val url: String
)

data class Article(
    val feed: String,
    val title: String,
    val summary: String
)
```

title만 반환하는 asyncFetchHeadlines() 함수 대신에, 해당 함수의 이름을 asyncFetch
Articles()로 지정하고 피드의 기사에 해당하는 Deferred<List<Article>>을 반환한다.

```
private fun asyncFetchArticles(feed: Feed,
        dispatcher: CoroutineDispatcher) = GlobalScope.async(dispatcher) {
    ...
}
```

기사의 지연 목록^{deferred list}을 반환하기 위해서는 각 항목이 Article로 변환되도록 매핑
을 변경해야 한다.

```
.map {
    val title = it.getElementsByTagName("title")
            .item(0)
            .textContent
    val summary = it.getElementsByTagName("description")
            .item(0)
            .textContent
    Article(feed.name, title, summary)
}
```

asyncLoadNews()에서의 요청 목록을 적절하게 업데이트해야 한다.

```
private fun asyncLoadNews() = launch {
    val requests = mutableListOf<Deferred<List<Article>>>()
    ...
}
```

headlines 목록은 내용에 맞게 articles로 이름을 변경한다.

```
val articles = requests
            .filter { !it.isCancelled }
            .flatMap { it.getCompleted() }
```

 글을 쓰는 시점에서 코틀린 팀은 위의 코드가 예상대로 동작하도록 노력하고 있었다. 헤드라인 목록이 올바르게 로딩되지 않았다면 isCancelled를 isCompletedExceptionally로 교체한다. 이 책이 출간될 즈음 isCompletedExceptionally에 대한 지원이 중단(deprecated)됐기 때문에 isCompletedExceptionally를 따로 설명하지 않기로 결정했다. 자세한 내용은 코루틴의 Github 리포지토리에서 이슈 220을 참조하자.[1]

스크롤이 가능한 기사 목록 추가

현재 안드로이드 애플리케이션에서 스크롤 가능한 목록을 표시하는 가장 좋은 방법은 RecyclerView를 사용하는 것으로, 이를 액티비티에 추가해본다. 모듈의 build.gradle 파일에 의존성을 추가하는 업데이트를 한다.

---

1 해당 내용을 https://github.com/Kotlin/kotlinx.coroutines/issues/220를 참조하자. − 옮긴이

```
dependencies {
    implementation fileTree(dir: 'libs', include: ['*.jar'])
    ...
    // 안드로이드 지원
    implementation "androidx.recyclerview:recyclerview:1.0.0"
    ...
}
```

원서에서는 "com.android.support.recyclerview"를 사용했으나 번역 시점에 JetPack 팀에서 기존의 안드로이드 서포트 라이브러리(com.android.support.*)를 개선한 AndroidX라는 통합 라이브러리 형태로 제공하고 있으며, 안드로이드 스튜디오 3.2 버전부터는 쉽게 기존 라이브러리를 AndroidX 라이브러리로 마이그레이션할 수 있는 기능을 제공하고 있다. 여기서는 기존 서포트 라이브러리 대신 AndroidX 라이브러리로 수정해서 작성됐다. 만약 Androidx 라이브러리를 적용할 때 동기화가 안 된다면, gradle.properties 파일의 android. useAndroidX가 true인지 확인한다. – 옮긴이

▶ 참고: https://developer.android.com/jetpack/androidx

프로젝트가 변경사항을 동기화하면 RecyclerView를 레이아웃에 추가할 수 있다. activity_main.xml로 가서 텍스트 뷰^{TextView} 레이아웃을 모두 제거한다. 이제 XML 안의 ConstraintLayout은 ProgressBar만 포함하고 있다.

```
<?xml version="1.0" encoding="utf-8"?>
<android.support.constraint.ConstraintLayout .../>
    <ProgressBar
        android:id="@+id/progressBar"
        style="?android:attr/progressBarStyle"
        android:layout_width="wrap_content"
        android:layout_height="wrap_content"
        app:layout_constraintLeft_toLeftOf="parent"
        app:layout_constraintRight_toRightOf="parent" />
</android.support.constraint.ConstraintLayout>
```

ConstraintLayout 안에 있는 ProgressBar 위에 RecyclerView를 추가한다. articles에 id 를 설정한다.

 기존의 안드로이드 서포트 라이브러리 스타일을 Androidx 스타일로 수정해서 작성했다. – 옮긴이

```xml
<?xml version="1.0" encoding="utf-8"?>
<android.support.constraint.ConstraintLayout .../>
        <android.support.v7.widget.RecyclerView
            android:id="@+id/articles"
            android:scrollbars="vertical"
            android:layout_height="wrap_content"
            android:layout_width="match_parent"
            app:layout_constraintTop_toTopOf="parent" />
        <ProgressBar .../>
</android.support.constraint.ConstraintLayout>
```

뉴스의 수량을 표시하기 위한 뷰들이 제거돼 애플리케이션은 컴파일되지 않는다. MainActivity의 asyncLoadNews()의 뒷부분을 더 이상 사용하지 않도록 변경하고, TODO 는 나중에 변경하도록 남겨둔다.

```kotlin
private fun asyncLoadNews() = GlobalScope.launch {
    ...
    val articles = requests
                .filter { !it.isCancelled }
                .flatMap { it.getCompleted() }
    val failedCount = requests
                .filter { it.isCancelled }
                .size

    val obtained = requests.size - failedCount

    launch(Dispatchers.Main) {
```

```
        // TODO: UI 갱신
    }
}
```

나중에 articles, failed 및 obtained의 정보를 사용할 수 있도록 변수를 유지한다.

기사별 레이아웃

기사의 정보를 표시하기 위한 레이아웃이 필요하기 때문에 layout 폴더에 XML 파일
을 생성한다.

수직 방향^{vertical orientation}과 함께 시작과 끝에 약간의 공백^{padding}을 포함하는 LinearLayout
을 만든다.

```xml
<?xml version="1.0" encoding="utf-8"?>
<LinearLayout xmlns:android="http://schemas.android.com/apk/res/android"
    android:orientation="vertical"
    android:layout_width="match_parent"
    android:paddingStart="14dp"
    android:paddingEnd="14dp"
    android:layout_height="wrap_content">
</LinearLayout>
```

그 안에 세 개의 텍스트 뷰^{TextView}를 추가해본다. 각 텍스트 뷰는 기사의 정보 중 일부를 보여줄 것이다.

```xml
<TextView
    android:id="@+id/title"
    android:textSize="20sp"
    android:layout_width="match_parent"
    android:layout_height="wrap_content" />

<TextView
    android:id="@+id/feed"
    android:textSize="12sp"
    android:layout_width="match_parent"
    android:layout_height="wrap_content" />

<TextView
    android:id="@+id/summary"
    android:layout_width="match_parent"
    android:layout_height="wrap_content" />
```

정보 매핑을 위한 어댑터

Article을 RecyclerView 요소에 매핑하기 위해서 **어댑터**^{Adapter}를 만들어야 한다. co.star carr.rssreader.adapter 패키지를 생성하고 여기에 ArticleAdapter 클래스를 추가한다.

시작을 위해 어댑터에 간단히 Article의 private 목록을 추가한다. 목록을 가져올 때 어댑터에 Article을 추가할 것이다.

```
package co.starcarr.rssreader.adapter

import co.starcarr.rssreader.model.Article

class ArticleAdapter {
    val articles: MutableList<Article> = mutableListOf()
}
```

ViewHolder 추가

RecyclerView의 기본 개념은 비용이 많이 드는 뷰 생성 프로세스를 최대한 피한다는 것이다. 대신 작은 뷰 세트가 생성돼 재사용되며, RecyclerView라는 이름을 통해 사용자가 스크롤할 때 정보를 표시한다.

이 작업을 위해서 ViewHolder라는 것이 필요한데, ViewHolder는 나중에 재사용될 수 있는 뷰의 레이아웃 요소를 갖는 객체다. 각 항목에 대해 정의한 레이아웃을 기반으로 어댑터 안에 ViewHolder를 생성한다.

```
class ArticleAdapter {

    private val articles: MutableList<Article> = mutableListOf()

    class ViewHolder(
            val layout: LinearLayout,
            val feed: TextView,
            val title: TextView,
            val summary: TextView
    ) : RecyclerView.ViewHolder(layout)
}
```

ViewHolder 클래스는 RecyclerView.ViewHolder를 확장하고 레이아웃 자체를 super 생성자에 전달한다는 점을 주목하자.

데이터 매핑

어댑터가 작동하려면 어떻게 ViewHolder를 생성하고 내용을 대체할 수 있는지 알아야 하고, 현재 갖고 있는 요소의 양을 반환할 수 있어야 한다. 첫 번째 단계로 ViewHolder 타입을 사용하는 RecyclerView.Adapter를 확장한다.

```
class ArticleAdapter : RecyclerView.Adapter<ArticleAdapter.ViewHolder>() {
    ...
}
```

작업이 끝나면 다음 세 가지 함수를 구현해야 한다.

- onCreateViewHolder(): 새로운 ViewHolder를 생성할 때마다 호출된다. 필요에 따라 모든 뷰를 인플레이트[2]하고 ViewHolder를 사용할 준비가 된 상태로 반환한다.
- onBindViewHolder(): ViewHolder의 내용을 지정된 위치에 요소의 내용을 로드/치환하기 위해 호출된다. 뷰의 내용을 업데이트하기 위해 필요하다.
- getItemCount(): 어댑터가 갖고 있는 요소의 수량을 반환해야 한다.

onCreateViewHolder

이 함수는 꽤 간단하게 구현한다. 개별 기사에 대해 정의한 XML 레이아웃을 인플레이트하고 정보를 표시하는 데 사용될 뷰를 찾을 것이다.

---

2 inflate는 사전적 의미로 '부풀리다'라는 뜻인데, View를 정의한 XML이나 자바 파일을 기반으로 View 객체 만드는 것을 의미한다. – 옮긴이

```
override fun onCreateViewHolder(parent: ViewGroup,
                                viewType: Int): ViewHolder {
    val layout = LayoutInflater.from(parent.context)
            .inflate(R.layout.article, parent, false) as LinearLayout

    val feed = layout.findViewById<TextView>(R.id.feed)
    val title = layout.findViewById<TextView>(R.id.title)
    val summary = layout.findViewById<TextView>(R.id.summary)

    return ViewHolder(layout, feed, title, summary)
}
```

이제 새로운 ViewHolder가 필요할 때마다 함수가 호출된다.

onBindViewHolder

여기서 전달 받은 위치position에 따라 기사를 검색하고, 그에 따라서 뷰의 텍스트를 로드해야 한다.

```
override fun onBindViewHolder(holder: ViewHolder, position: Int) {
    val article = articles[position]

    holder.feed.text = article.feed
    holder.title.text = article.title
    holder.summary.text = article.summary
}
```

함수는 첫 번째 그룹의 기사를 표시하기 위해 처음 호출되며 나중에 사용자가 기사의 내용을 변경하기 위해 스크롤하는 시점에 호출된다.

getItemCount

여기서 articles의 사이즈를 반환해야 한다.

```
override fun getItemCount() = articles.size
```

어댑터에 기사를 점진적으로 추가

현재는 어댑터에 기사를 추가하는 외부 클라이언트를 허용하는 어떠한 함수도 노출하지 않는다.

우리가 구현한 어댑터는 외부 클라이언트가 기사를 추가할 수 있는 어떤 함수도 노출하지 않고 있다. 기사 그룹을 추가할 수 있도록 간단한 함수를 추가해보자.

```
fun add(articles: List<Article>) {
    this.articles.addAll(articles)
    notifyDataSetChanged()
}
```

 TIP notifyDataSetChanged()는 내용이 변경됐음을 어댑터에 알려준다. 이로 인해 항목이 다시 그려질 수 있다.

액티비티에 어댑터 연결

List<Article>를 뷰에 매핑할 수 있는 어댑터가 만들어졌다. 메인 액티비티에 추가한 RecyclerView와 함께 이 어댑터를 사용한다.

이를 위해 MainActivity 클래스에 몇 가지 변수가 필요하다.

```
class MainActivity : AppCompatActivity() {
    ...
    private lateinit var articles: RecyclerView
```

```
    private lateinit var viewAdapter: ArticleAdapter
    private lateinit var viewManager: RecyclerView.LayoutManager
    ...
}
```

OnCreate() 함수에서 이것들 모두를 인스턴스화할 것이다.

```
override fun onCreate(savedInstanceState: Bundle?) {
    super.onCreate(savedInstanceState)
    setContentView(R.layout.activity_main)

    viewManager = LinearLayoutManager(this)
    viewAdapter = ArticleAdapter()
    articles = findViewById<RecyclerView>(R.id.articles).apply {
        layoutManager = viewManager
        adapter = viewAdapter
    }

    asyncLoadNews()
}
```

UI에서 기사를 실제로 표시할 수 있으려면 asyncLoadNews()를 업데이트해서 어댑터에 검색된 요소를 추가한다. 이전에 남겨뒀던 TODO를 변경한다.

```
launch(Dispatchers.Main) {
    // TODO: UI 갱신
}
```

프로그레스바를 숨기고 새 기사를 viewAdapter에 추가하는 코드를 추가한다.

```
launch(Dispatchers.Main) {
    findViewById<ProgressBar>(R.id.progressBar).visibility = View.GONE
    viewAdapter.add(articles)
}
```

140

새 UI 테스트

UI 테스트를 하기 전에, 데이터를 표시하기 전 일정 시간 동안 프로그레스바를 실제로 볼 수 있도록 asyncFetchArticles()에 약간의 지연 시간을 추가하자.

```
private fun asyncFetchArticles(feed: Feed,
        dispatcher: CoroutineDispatcher) = GlobalScope.async(dispatcher) {
    delay(1000)
    val builder = factory.newDocumentBuilder()
    ...
}
```

애플리케이션을 실행하면 현재의 스크롤 위치를 나타내는 사이드에 있는 스크롤바와 뉴스가 표시되는 것을 보게 된다. 하지만 스크롤하면 일부 내용에 약간의 문제가 나타난다.

데이터 삭제

기사 중 일부는 summary 부분에 HTML 태그가 표시된다. 보통 이런 태그들은 summary가 HTML을 지원하는 뷰어에 표시되기 때문에 문제가 되지 않지만, 여기에서는 뷰어를 사용하지 않기 때문에 제거하는 것이 좋다.

div 요소가 나오면 설명 부분description을 잘라내기 위해 asyncFetchArticles()를 수정해야 한다.

```
.map {
    val title = it.getElementsByTagName("title")
            .item(0)
            .textContent
    var summary = it.getElementsByTagName("description")
            .item(0)
            .textContent
    if (!summary.startsWith("<div")
            && summary.contains("<div")) {
        summary = summary.substring(0, summary.indexOf("<div"))
    }

    Article(feed.name, title, summary)
}
```

이제 모든 기사가 문제 없이 보인다(summary가 비어 있는 것을 피하기 위해[3] summary가 `<div`로 시작하지 않는 경우에만 잘라낸다). 아래 업데이트된 결과를 보자.

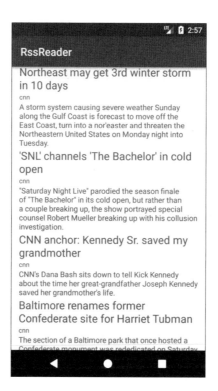

▌ 일시 중단 함수

`launch()`, `async()`, `runBlocking()`과 같은 코루틴 빌더를 사용해서 일시 중단 알고리즘의 대부분을 작성했다. 코루틴 빌더를 호출할 때 전달하는 코드는 일시 중단 람다[suspending lambda]다. 이제 함수에서의 일시 중단 코드를 작성하는 방법을 자세히 살펴보려고 한다.

---

3 위 코드에서는 `<div` 요소 전 까지의 내용을 summary로 가져온다. summary의 내용이 `<div`로 시작한다면 가져오는 summary 의 내용이 모두 없어진다. – 옮긴이

```
suspend fun greetDelayed(delayMillis: Long) {
    delay(delayMillis)
    println("Hello, World!")
}
```

일시 중단 함수를 만들려면 시그니처signature에 suspend 제어자만 추가하면 된다. 일시 중단 함수는 delay()와 같은 다른 일시 중단 함수를 직접 호출할 수 있다. 코드를 코루틴 빌더 안에 감쌀 필요가 없기 때문에 코드를 명확하고 가독성 있게 만들어준다.

이러한 장점에도 불구하고 코루틴 외부에서 이 함수를 호출하면 동작하지 않는다. 다음 예제를 보자.

```
fun main(args: Array<String>) {
    greetDelayed(1000)
}
```

일시 중단 연산은 다른 일시 중단 연산에서만 호출될 수 있어서 이 코드는 컴파일되지 않는다.

비 일시 중단non-suspending 코드에서 함수를 호출하려면 다음 예와 같이 코루틴 빌더로 감싸야 한다.

```
fun main(args: Array<String>) {
    runBlocking {
        greetDelayed(1000)
    }
}
```

이제 실행의 한 부분인 일시 중단 함수가 생겼으며 디스패처를 사용해 보다 편리하게 해당 시점에 호출할 수 있다. 단일 스레드 컨텍스트를 사용해 호출할 수도 있다.

동작 중인 함수를 일시 중단

2장, '코루틴 인 액션'에서는 동시성 코드를 구현할 때 코루틴 빌더 대신 비동기 함수를 사용하는 쪽이 더 편리한지에 대해 설명했다. 이제 일시 중단 함수를 추가해 이 주제를 확장할 차례다. 먼저 간단한 레파지토리를 구현할 때 비동기 함수를 사용한 구현과 일시 중단 함수를 사용한 구현을 비교해보자.

 우리는 비동기 함수를 구현한 잡(Job)을(디퍼드(Deferred)를 포함해서) 반환하는 함수라고 했다. 이러한 함수는 보통은 launch() 또는 async() 빌더로 감싸인 함수이지만, 구현한 잡이 반환될 때만 비동기 함수로 본다.

비동기 함수로 레파지토리 작성

잡 구현을 반환하는 함수가 있으면 어떤 시나리오에서는 편리할 수 있지만, 코루틴이 실행되는 동안에 일시 중단을 위해서 join()이나 await()를 사용하는 코드가 필요하다는 단점이 생긴다. 기본 동작으로 일시 중지를 하고 싶으면 어떻게 해야 할까? 비동기 함수를 사용해 레파지토리를 설계하고 구현하는 방법을 살펴보자. 다음과 같이 데이터 클래스에서부터 시작한다.

```
data class Profile(
    val id: Long,
    val name: String,
    val age: Int
)
```

이름^{name}이나 아이디^{id}를 기준으로 프로파일을 검색하는 클라이언트 인터페이스를 설계해보자. 초기 설계는 다음과 같다.

```kotlin
interface ProfileServiceRepository {
    fun fetchByName(name: String) : Profile
    fun fetchById(id: Long) : Profile
}
```

비동기 함수를 갖도록 구현하고 싶으므로 함수 이름을 비동기^{async}로 바꾸고 Profile의 Deferred를 반환하도록 변경한다. 그에 따라 함수의 이름을 바꾸면 다음과 같을 것이다.

```kotlin
interface ProfileServiceRepository {
    fun asyncFetchByName(name: String) : Deferred<Profile>
    fun asyncFetchById(id: Long) : Deferred<Profile>
}
```

모의 구현은 간단하다.

```kotlin
class ProfileServiceClient : ProfileServiceRepository {
    override fun asyncFetchByName(name: String) = GlobalScope.async {
        Profile(1, name, 28)
    }
    override fun asyncFetchById(id: Long) = GlobalScope.async {
        Profile(id, "Susan", 28)
    }
}
```

다른 일시 중단 연산에서 이 구현을 호출할 수 있다. 다음 예를 보자.

```kotlin
fun main(args: Array<String>) = runBlocking {
    val client : ProfileServiceRepository = ProfileServiceClient()
    val profile = client.asyncFetchById(12).await()
```

```
        println(profile)
    }
```

예상한 결과다.

구현에서 관찰할 수 있는 몇 가지 사항이 있다.

- 함수 이름이 이해하기 편리하게 돼 있다. 필요할 때 클라이언트가 진행하는 것을 완료할 때까지 대기해야 한다는 것을 알 수 있도록, 함수가 비동기async라는 점을 명시하는 것이 중요하다.

- 이러한 클라이언트의 성질로 인해, 호출자는 항상 요청이 완료될 때까지 일시 정지해야 하므로이 보통 함수 호출 직후에 await() 호출이 있게 된다.

- 구현은 Deferred와 엮이게 될 것이다. 다른 유형의 퓨처future로 ProfileService Repository 인터페이스를 깔끔하게 구현하기 위한 방법은 없다. 코틀린이 아닌 동시성 기본형primitive으로 구현하면 자칫 지저분해질 수 있다. 예를 들어 RxJava 나 자바의 퓨처로 구현한다고 생각해보자.

일시 중단 함수로 업그레이드

일시 중단 함수를 사용하기 위해 코드를 리팩토링해보자. 같은 데이터 클래스로 시작한다.

```
data class Profile(
    val id: Long,
    val name: String,
```

```
    val age: Int
)
```

긴 함수 이름 대신 좀더 깔끔한 이름을 가질 수도 있다. 더 중요한 것은 비동기^{async} 함수로 구현하도록 강제하는 인터페이스 대신 일시 중단과 Profile를 반환하는 작업에만 신경 쓰면 된다는 것이다. 이제 다음과 같이 Deferred를 제거할 수 있다.

```
interface ProfileServiceRepository {
    suspend fun fetchByName(name: String) : Profile
    suspend fun fetchById(id: Long) : Profile
}
```

구현 또한 쉽게 바뀔 수 있다. 지금은 모의 상황이므로 실제 일시 중지할 필요는 없다.

```
class ProfileServiceClient : ProfileServiceRepository {
    override suspend fun fetchByName(name: String) : Profile {
        return Profile(1, name, 28)
    }
    override suspend fun fetchById(id: Long) : Profile {
        return Profile(id, "Susan", 28)
    }
}
```

 실제 구현에서는 퓨처 구현을 ProfileServiceRepository 인터페이스와 연결하지 않고 rxJava, retropit 또는 기타 라이브러리를 사용해 요청을 수행할 수 있다.

호출자의 코드가 좀더 깔끔해졌다.

```
fun main(args: Array<String>) = runBlocking {
    val repository: ProfileServiceRepository = ProfileServiceClient()
    val profile = repository.fetchById(12)
    println(profile)
}
```

출력은 이전과 같다.

```
Run  chapter4.client.suspending.Suspend_implKt
    /usr/lib/jvm/java-8-openjdk/bin/java ...
    Profile(id=12, name=Susan, age=28)
```

이 방식은 비동기 구현에 비해 몇 가지 분명한 이점이 있다.

- **유연함**: 인터페이스의 상세 구현 내용은 노출되지 않기 때문에 퓨처를 지원하는 모든 라이브러리를 구현에서 사용할 수 있다. 현재 스레드를 차단하지 않고 예상된 Profile을 반환하는 구현이라면 어떤 퓨처 유형도 동작할 것이다.
- **간단함**: 순차적으로 수행하려는 작업에 비동기 함수를 사용하면 항상 await()를 호출해야 하는 번거로움이 생기고, 명시적으로 async가 포함된 함수의 이름을 지정해야 한다. 일시 중단 함수를 사용하면 레파지토리를 사용할 때마다 이름을 변경하지 않아도 되고 await()를 호출할 필요가 없어진다.

일시 중단 함수와 비동기 함수

비동기 함수 대신 일시 중단 함수를 사용하기 위한 가이드라인은 다음과 같다.

 다음 목록은 Deferred〈T〉를 포함하는 구현과 관련된 Job을 사용한다.

- 일반적으로 구현에 Job이 엮이는 것을 피하기 위해서는 일시 중단 함수를 사용하는 것이 좋다.
- 인터페이스를 정의할 때는 항상 일시 중단 함수를 사용한다. 비동기 함수를 사용하면 Job을 반환하기 위한 구현을 해야 한다.
- 마찬가지로 추상abstract 함수를 정의할 때는 항상 일시 중단 함수를 사용한다. 가시성이 높은 함수일수록 일시 중단 함수를 사용해야 한다. 이미 설명했듯이, Job을 반환할 수 없거나 반환하고 싶지 않아서 구현을 바꾼다는 이유로 공개된 API에 대한 지원을 중단deprecated하는 상황이 되는 것을 원하지 않을 것이다. 비동기 함수는 private 및 internal 함수로 제한돼야 한다. 2장, '코루틴 인 액션'에서 일부 시나리오에서는 비동기 함수로 코드를 단순화할 수 있음을 배웠다. 그리고 비동기 함수를 사용하는 코드를 적은 범위로 제한하는 것이 Job을 더 이상 사용할 수 없을 때 리팩토리의 영향을 줄인다.

코루틴 컨텍스트

코루틴은 항상 컨텍스트 안에서 실행된다. 컨텍스트는 코루틴이 어떻게 실행되고 동작해야 하는지를 정의할 수 있게 해주는 요소들의 그룹이다. 살펴본 몇 가지 컨텍스트로부터 이야기를 시작한다.

컨텍스트에 있는 각 항목은 단일 요소, 즉 정의된 단일 동작의 컨텍스트로 생각할 수 있다. 설명한 대로, 컨텍스트는 실제로 둘 이상의 요소를 포함할 수 있는데, 다음 절에서는 결합된 동작을 생성하기 위해 컨텍스트에서 요소를 추가하고 제거하는 방법을 설명한다. 그러나 지금은 각각의 컨텍스트가 어떻게 동작하는지를 설명하기 위해서 각 개별 컨텍스트에 대해 다룬다.

디스패처

디스패처^{Dispatcher}는 코루틴이 실행될 스레드를 결정하는데, 여기에는 시작될 곳과 중단 후 재개될 곳을 모두 포함한다. 우리는 첫 장부터 디스패처를 다뤘다. 그럼 예제들과 함께 간단히 되짚어보자.

CommonPool

CommonPool은 CPU 바운드 작업을 위해서 프레임워크에 의해 자동으로 생성되는 스레드 풀이다.

스레드 풀의 최대 크기는 시스템의 코어 수에서 1을 뺀 값이다. 현재는 기본 디스패처로 사용되지만 용도를 명시하고 싶다면, 다른 디스패처처럼 사용할 수 있다.

```
GlobalScope.launch(CommonPool) {
    // TODO: Implement CPU-bound algorithm here
}
```

 CommonPool이 기본 디스패처로써 지원하는 것을 중단할지는 확실하지 않지만, 예상치 못한 변경에 대비하기 위해 CPU 바운드 작업에 명시적으로 사용하는 것을 고려한다.[4]

기본 디스패처

현재는 CommonPool과 같다. 기본 디스패처 사용을 위해서 디스패처 전달 없이 빌더를 사용할 수 있다.

---

4 번역 시점에는 더 이상 CommonPool이 기본 디스패처로 지원되지 않는다. CommonPool을 직접 사용하지 못하기 때문에 디스패처 없이 사용하거나, Dispatchers.Default를 사용하도록 수정했다. – 옮긴이

```
GlobalScope.launch {
    // TODO: 일시 중단 람다 구현
}
```

또는 명시적으로 지정할 수 있다.

 위에서 언급한 것처럼 번역 시점에 DefaultDispatcher는 Dispatchers.Default 로 변경됐다.
— 옮긴이

```
GlobalScope.launch(Dispatchers.Default) {
    // TODO: 일시 중단 람다 구현
}
```

Unconfined

첫 번째 중단 지점에 도달할 때까지 현재 스레드에 있는 코루틴을 실행한다. 코루틴은
일시 중지된 후에, 일시 중단 연산에서 사용된 기존 스레드에서 다시 시작된다.

 unconfined 함수 suspend a()가 특정 스레드에 있는 디스패처와 함께 실행되는 suspend
b()를 호출할 경우, a()는 b()가 실행된 같은 스레드에서 다시 시작될 것이다. 이것은 일시 중
단 연산을 컴파일하는 방식 때문에 발생하는데 9장, '코틀린의 동시성 내부'에서 설명한다.

다음은 사용 예시다.

```
fun main(args: Array<String>) = runBlocking {
    GlobalScope.launch(Dispatchers.Unconfined) {
        println("Starting in ${Thread.currentThread().name}")
```

```
        delay(500)
        println("Resuming in ${Thread.currentThread().name}")
    }.join()
}
```

그러면 이와 비슷한 결과가 출력된다. 처음에는 main()에서 실행 중이었지만, 그 다음 일시 중단 연산이 실행된 Default Executor 스레드로 이동했다.

```
Run   chapter4.context.dispatcher.Coroutine_contextKt
      /usr/lib/jvm/java-8-openjdk/bin/java ...
      Starting in main
      Resuming in kotlinx.coroutines.DefaultExecutor
```

단일 스레드 컨텍스트

항상 코루틴이 특정 스레드 안에서 실행된다는 것을 보장한다. 이 유형의 디스패처를 생성하려면 newSingleThreadContext()를 사용해야 한다.

```
fun main(args: Array<String>) = runBlocking {
    val dispatcher = newSingleThreadContext("myThread")

    GlobalScope.launch(dispatcher) {
        println("Starting in ${Thread.currentThread().name}")
        delay(500)
        println("Resuming in ${Thread.currentThread().name}")
    }.join()
}
```

일시 중지 후에도 항상 같은 스레드에서 실행된다.

```
Run   chapter4.context.dispatcher.Coroutine_contextKt
▶      /usr/lib/jvm/java-8-openjdk/bin/java ...
       Starting in myThread
       Resuming in myThread
```

스레드 풀

스레드 풀을 갖고 있으며 해당 풀에서 가용한 스레드에서 코루틴을 시작하고 재개한다. 런타임이 가용한 스레드를 정하고 부하 분산을 위한 방법도 정하기 때문에, 따로할 작업은 없다.

```kotlin
fun main(args: Array<String>) = runBlocking {
    val dispatcher = newFixedThreadPoolContext(4, "myPool")

    GlobalScope.launch(dispatcher) {
        println("Starting in ${Thread.currentThread().name}")
        delay(500)
        println("Resuming in ${Thread.currentThread().name}")
    }.join()
}
```

앞의 코드에서 볼 수 있듯이 newFixedThreadPoolContext()를 사용해 스레드 풀을 만들수 있다. 위 코드는 보통 다음과 같이 출력된다.

```
Run   chapter4.context.dispatcher.Coroutine_contextKt
▶      /usr/lib/jvm/java-8-openjdk/bin/java ...
       Starting in myPool-1
       Resuming in myPool-2
```

154

예외 처리

코루틴 컨텍스트의 또 다른 중요한 용도는 예측이 어려운 예외^{uncaught exception}에 대한 동작을 정의하는 것이다. 이러한 유형의 컨텍스트는 다음과 같이 CoroutineExceptionHandler를 구현해 만들 수 있다.

```kotlin
fun main(args: Array<String>) = runBlocking {
    val handler = CoroutineExceptionHandler({ context, throwable ->
        println("Error captured in $context")
        println("Message: ${throwable.message}")
    })

    GlobalScope.launch(handler) {
        TODO("Not implemented yet!")
    }

    // wait for the error to happen
    delay(500)
}
```

예제에서는 예측이 어려운 예외에 대한 정보를 출력하는 CoroutineExceptionHandler를 생성한다. 그런 다음 예외를 던지고, 애플리케이션에 메시지를 출력하기 위해 약간의 시간을 주는 코루틴을 시작한다.

그러면 애플리케이션이 예외를 정상적으로 처리하게 된다.

```
Run    chapter4.context.exception.Exception_handlingKt

    /usr/lib/jvm/java-8-openjdk/bin/java ...
    Error captured in [chapter4.context.exception.Exception_handlingKt
    Message: An operation is not implemented: Not implemented yet!

    Process finished with exit code 0
```

Non-cancellable

앞 장에서 다룬 것처럼 코루틴의 실행이 취소되면 코루틴 내부에 CancellationException 유형의 예외가 발생하고 코루틴이 종료된다. 코루틴 내부에서 예외가 발생하기 때문에 try-finally 블록을 사용해 리소스를 닫는 클리닝 작업을 수행하거나 로깅을 수행할 수 있다. 다음과 같을 것이다.

```kotlin
fun main(args: Array<String>) = runBlocking {
    val duration = measureTimeMillis {
        val job = launch {
            try {
                while (isActive) {
                    delay(500)

                    println("still running")

                }
            } finally {
                println("cancelled, will end now")
            }
        }

        delay(1200)
        job.cancelAndJoin()
    }

    println("Took $duration ms")
}
```

코드는 코루틴이 취소될 때까지 0.5초마다 "still running"을 출력한다. 코루틴을 취소할 때는 finally 블록이 실행된다. 메인 스레드가 1.2초 동안 일시 중지된 다음 작업을 취소하고 애플리케이션 종료 전에 전체 실행 시간을 출력한다.

156

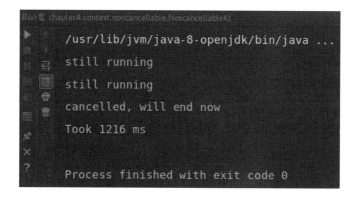

예상대로 1.2초 지연한 후 작업이 취소됐고, finally 블록에서 메시지를 출력했다. 실제로 코루틴이 종료되기 전에 5초 동안 멈추도록 finally 블록을 수정해보자.

```
    } finally {
        println("cancelled, will delay finalization now")
        delay(5000)
        println("delay completed, bye bye")
    }
```

실행하면 다음과 같이 그런 식으로 작동하지 않음을 보게 된다.

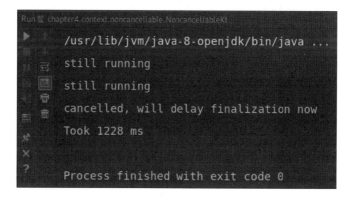

finally 블록에서의 실제 지연은 일어나지 않았다. 코루틴은 일시 중단된 후 바로 종료됐다. 취소 중인 코루틴은 일시 중단될 수 없도록 설계됐기 때문이다. 코루틴이 취소되는 동안 일시 중지가 필요한 경우 NonCancellable 컨텍스트를 사용해야 한다. finally 블록을 다시 한번 수정해보자.

```
    } finally {
        withContext(NonCancellable) {
            println("cancelled, will delay finalization now")
            delay(5000)
            println("delay completed, bye bye")
        }
    }
```

코루틴의 취소 여부와 관계없이 withContext()에 전달된 일시 중단 람다가 일시 중단될 수 있도록 보장한다.

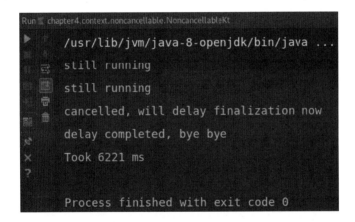

 다음 절에서 withContext()에 대해 설명하겠다.

158

▌ 컨텍스트에 대한 추가 정보

지금까지 본 내용대로 컨텍스트는 코루틴이 어떻게 동작할지에 대한 다른 세부사항들을 많이 정의할 수 있다. 컨텍스트는 또한 결합된 동작을 정의해 작동하기도 한다. 컨텍스트가 어떻게 보다 더 창의적인 방법으로 사용될 수 있는지 이야기해보자.

컨텍스트 결합

컨텍스트의 일부분이 될 수 있는 여러 종류의 요소가 있다. 다양한 요구사항을 만족하는 컨텍스트를 생성하기 위해 이러한 요소들을 결합시킬 수 있다.

컨텍스트 조합

특정 스레드에서 실행하는 코루틴을 실행하고 동시에 해당 스레드를 위한 예외처리를 설정한다고 가정하자. 이를 위해 더하기 연산자를 사용해 둘을 결합할 수 있다.

```
main(args: Array<String>) = runBlocking {
    val dispatcher = newSingleThreadContext("myDispatcher")
    val handler = CoroutineExceptionHandler({ _, throwable ->
        println("Error captured")
        println("Message: ${throwable.message}")
    })

    GlobalScope.launch(dispatcher + handler) {
        println("Running in ${Thread.currentThread().name}")
        TODO("Not implemented!")
    }.join()
}
```

이때 단일 스레드 디스패처와 예외 처리를 결합하고 있으며, 코루틴은 그에 따라 동작하게 된다.

```
/usr/lib/jvm/java-8-openjdk/bin/java ...

Running in myDispatcher

Error captured

Message: An operation is not implemented: Not implemented!


Process finished with exit code 0
```

물론 조합된 컨텍스트를 유지할 변수를 만들면, 한 번 이상 더하기 연산자를 사용하지
않아도 된다.

```
val context = dispatcher + handler

launch(context) { ... }
```

컨텍스트 분리

결합된 컨텍스트에서 컨텍스트 요소를 제거할 수도 있다. 이렇게 하려면 제거할 요소
의 키에 대한 참조가 있어야 한다. 앞의 예제를 수정해 결합된 컨텍스트를 분리해보자.

```
fun main(args: Array<String>) = runBlocking {
    val dispatcher = newSingleThreadContext("myDispatcher")
    val handler = CoroutineExceptionHandler({ _, throwable ->
        println("Error captured")
        println("Message: ${throwable.message}")
    })

    // 두 컨텍스트를 결합
    val context = dispatcher + handler

    // 컨텍스트에서 하나의 요소 제거
    val tmpCtx = context.minusKey(dispatcher.key)
```

```
GlobalSocpe.launch(tmpCtx) {
    println("Running in ${Thread.currentThread().name}")
    TODO("Not implemented!")
}.join()
}
```

launch (handler) {...}를 사용할 때와 같다. 여기서 스레드는 dispatcher의 스레드가
아닌 기본 디스패처에 해당한다.

```
Run   chapter4.context.mix.separate.SeparateKt

    /usr/lib/jvm/java-8-openjdk/bin/java ...
    Running in ForkJoinPool.commonPool-worker-1
    Error captured
    Message: An operation is not implemented: Not implemented!

    Process finished with exit code 0
```

withContext를 사용하는 임시 컨텍스트 스위치

이미 일시 중단 함수 상태에 있을 때 withContext()를 사용해 코드 블록에 대한 컨텍스
트를 변경할 수 있다. withContext()는 코드 블록 실행을 위해 주어진 컨텍스트를 사용
할 일시 중단 함수다. 다른 스레드에서 작업을 실행해야 할 필요가 있다면 계속 진행하
기 전에 해당 작업이 끝날 때까지 항상 기다리게 된다. 먼저 다음 예제에서부터 시작
해보자.

```
fun main(args: Array<String>)= runBlocking {
    val dispatcher = newSingleThreadContext("myThread")
    val name = GlobalScope.async(dispatcher) {
        // 중요한 작업 수행
        "Susan Calvin"
    }.await()
```

```
    println("User: $name")
}
```

여기서는 컨텍스트 디스패처를 이용한 작업을 위해 async()를 사용하는데, async()는 Deferred<String>을 반환하기 때문에 name이 준비될 때까지 일시 중단할 수 있도록 바로 await()를 호출해야 한다.

withContext()를 사용할 수 있다. withContext() 함수는 Job이나 Deferred을 반환하지 않는다. 전달한 람다의 마지막 구문에 해당하는 값을 반환할 것이다.

```
fun main(args: Array<String>) = runBlocking {
    val dispatcher = newSingleThreadContext("myThread")
    val name = withContext(dispatcher) {
        // 중요한 작업 수행 및 이름 반환
        "Susan Calvin"
    }

    println("User: $name")
}
```

이렇게 하면 코드는 순차적으로 동작한다. main은 join()이나 await()을 호출할 필요 없이 이름을 가져올 때까지 일시중단된다.

▌ 요약

4장에서는 앞으로 나올 고급 주제에 필요한 새로운 주제를 많이 다뤘다.

기억을 상기하기 위해 내용을 정리해본다.

- RecyclerView를 만들었고, RSS 피드에서 뉴스를 보여주는 약간의 안드로이드 프로그래밍으로 시작했다.

- 어댑터를 통해 뷰에 데이터 집합을 매핑하는 방법과 ViewHolder가 뷰의 일부로 사용되는 방법에 대해 이야기했다.

- 안드로이드의 RecyclerView가 많은 뷰를 생성하지 않는다는 것을 배웠다. 대신 사용자가 스크롤할 때 재활용된다.

- 일시 중단 함수에 대해 이야기했으며 withContext() 일시 중단 코드 정의를 위한 유연한 방법을 제공한다는 것을 배웠다.

- 비동기 함수(Job 구현을 반환하는 함수)는 특정 구현을 강요하는 위험을 피하기 위해 withContext() 공개 API의 일부가 돼서는 안 된다고 언급했다.

- 코루틴 컨텍스트에 대한 흥미로운 주제와 작동하는 방법에 대해서 다뤘다.

- 디스패처를 시작으로 예외 처리와 취소 불가능한 고유한 컨텍스트unique non-cancellable context로 옮겨가는 다양한 유형의 코루틴 컨텍스트를 나열했다.

- 코루틴에서 기대하는 동작을 얻기 위해 많은 컨텍스트를 하나로 결합하기 위한 방법을 배웠다.

- 요소 중 하나의 키를 제거함으로써 결합된 컨텍스트를 분리하는 세부적인 부분을 익혔다.

- withContext()라는 흥미로운 함수를 알아봤는데, 프로세스에 잡을 포함시키지 않고도 다른 컨텍스트로 전환할 수 있게 해주는 일시 중단 함수다.

다음 장에서는 좀더 고급 주제들에 대해 살펴보기로 한다. 반복자iterator와 시퀀스sequence를 다루는 생성자generator 에 대해 알아볼 것이며, 필요할 때 로드될 수 있는 무한 데이터 소스를 생성하는 데 사용해본다.

05

이터레이터,
시퀀스 그리고 프로듀서

데이터 소스에서 정보를 검색하고 표시할 때는 온 디맨드 방식을 사용하는 것이 일반적이다. 예를 들어 뉴스 리더에서 사용자가 처음 앱을 열 때 일부 기사만 가져오고 아래로 스크롤할 때 데이터를 더 가져온다. 정보의 출처에 따라 데이터는 거의 무한정이나 다름이 없다.

5장에서는 코틀린의 동시성 기본형primitives을 활용해 데이터 소스를 일시 중단 함수와 비동기 함수로 구현하는 다양한 방법을 설명한다. 피보나치 수열을 이터레이터iterator와 시퀀스sequence를 사용해 구현해 본 다음, RSS 리더에 일시 중단 데이터 검색을 추가한다.

5장에서 다루는 내용은 다음과 같다.

- 일시 중단 가능한 시퀀스^{Suspendable sequence}
- 일시 중단 가능한 이터레이터^{Suspendable iterator}
- 일시 중단 가능한 데이터 소스에서 데이터 산출
- 시퀀스와 이터레이터의 차이점
- 프로듀서^{producer}를 사용한 비동기 데이터 검색
- 프로듀서의 실제 사례

▌ 일시 중단 가능한 시퀀스 및 이터레이터

지금까지는 하나 또는 그 이상의 연산이 실행되기를 대기하는 동안 일시 중단하는 함수만을 알아보고 구현해봤다. 간단히 표현하면 다음과 같다.

예제에서 getProfile은 실행을 시작한 후 곧바로 fetchProfile이 실행될 때까지 대기한다. fetchProfile의 응답이 처리된 후 getProfile은 한 번 더 일시 중단되는데, calculateAge이 호출되기 때문이다. calculateAge가 완료되면, getProfile의 실행이 완료될 때까지 계속 실행된다.

이 장에서는 실행 사이에 일시 중단이 일어나는 함수의 구현 같은, 조금은 다른 시나리오를 다뤄본다. 다음 페이지가 필요할 때까지 일시 중단되는 저장소가 있을 수도 있다.

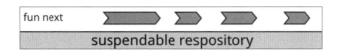

위의 예제에서 next() 함수는 데이터 소스에서 첫 번째 요소를 생성하고 반환한 직후에 일시 중단된다. next()가 다시 호출될 때마다 값이 나올 때까지 실행이 재개되며, 이후에 한번 더 일시 중단된다.

먼저 일시 중단 가능한 시퀀스와 일시 중단 가능한 이터레이터를 살펴본다. 둘 다 몇 가지 중요한 특성이 있다.

- 호출 사이에서 일시 중단되지만, 실행 중에는 일시 중단될 수 없다. 이로 인해 일시 중단 연산이 없어도 반복할 수 있다.
- 시퀀스와 이터레이터의 빌더는 CoroutineContext를 받지 않는다. 기본적으로 코드를 호출한 컨텍스트와 동일한 컨텍스트에서 코드가 실행됨을 의미한다.
- 정보 산출yielding 후에만 일시 중지할 수 있다. 이를 위해서는 yield() 또는 yieldAll() 함수를 호출해야 한다.

▌ 값 산출

앞에서 언급했듯이 값을 산출하면 값이 다시 요청될 때까지 시퀀스 또는 이터레이터가 일시 중단된다. 간단한 예는 다음과 같다.

```
val iterator = iterator {
    yield("First")
    yield("Second")
    yield("Third")
}
```

원서에는 buildIterator를 이용해서 iterator를 생성하지만, 코틀린 버전 1.3부터는 kotlin. sequences.iterator를 사용하도록 변경됐다.

이 코드는 세 가지 요소를 포함하는 이터레이터를 빌드한다. 요소가 처음 요청될 때 첫 번째 줄이 실행돼 "First"값이 산출되고 이후에 실행이 중단된다.

다음 요소가 요청되면 두 번째 줄이 실행돼 "Second"가 산출되고 다시 일시 중단된다. 따라서 이터레이터가 포함하는 세 가지 요소를 얻으려면 next() 함수를 세 번 호출하면 된다.

```
fun main(args: Array<String>) {
    val iterator = iterator {
        yield("First")
        yield("Second")
        yield("Third")
    }

    println(iterator.next())
    println(iterator.next())
    println(iterator.next())
}
```

예제에서 이터레이터는 값이 생성된 후 매번 일시 중단돼 총 세 번 일시 중단된다.

■ 이터레이터

이터레이터는 요소들의 컬렉션을 순서대로 살펴보는 데 특히 유용하다. 코틀린 이터레이터의 특성은 다음과 같다.

- 인덱스로 요소를 검색할 수 없으므로 요소는 순서대로만 액세스할 수 있다.
- 더 많은 요소가 있는지 여부를 나타내는 hasNext() 함수가 있다.
- 요소는 한 방향으로만 검색할 수 있다. 이전 요소를 검색할 방법은 없다.
- 재설정^{reset}할 수 없으므로 한 번만 반복할 수 있다

일시 중단 이터레이터를 작성하기 위해 iterator()를 사용해 이터레이터 본문과 함께 람다를 전달한다. 이것은 달리 지정되지 않는 한 Iterator<T>를 리턴한다. 여기서 T는 이터레이터가 생성하는 요소에 의해 결정된다.

```
val iterator = iterator {
    yield(1)
}
```

이때의 iterator는 Iterator<Int> 타입이다. 어떤 이유든 재정의하려면 타입을 정의할 수 있으며, 생성된 모든 값이 타입을 준수하는 한 잘 작동한다. 다음 예시를 보자.

```
val iterator : Iterator<Any> = iterator {
    yield(1)
    yield(10L)
    yield("Hello")
}
```

다음과 같은 경우 컴파일 오류가 발생한다.

```
val iterator : Iterator<String> = iterator {
    yield("Hello")
    yield(1)
}
```

이터레이터와의 상호 작용

이터레이터가 무엇인지 알았으므로 이터레이터를 어떻게 사용할 수 있는지 알아보자. 이터레이터를 사용하는 일반적인 방법과 예외를 피하는 방법, 값을 연산할 때의 세부 사항을 설명한다.

모든 요소를 살펴보기

이터레이터의 모든 요소를 하나씩 가져오는 대신 한꺼번에 가져오는 경우도 있다. 데이터 소스의 관점에서 이 주제를 알아보고 있으므로 예시에는 한 번에 하나의 요소 또는 여러 요소를 얻는 데 더 중점을 두고 있다는 점에 유의하자.

전체 이터레이터를 반복하기 위해 forEach()나 forEachRemaining() 함수를 사용할 수 있다. 이터레이터는 앞으로만 갈 수 있기 때문에, 두 기능 모두 똑같이 작동할 것이다.

```
iterator.forEach {
    println(it)
}
```

170

두 함수는 모두 같은 방식으로 작동하지만, 둘 중 하나만 사용해서 코드의 가독성을 향상시
킬 수 있다. 예컨대, 일부 요소를 이미 읽었다면 forEachRemaining()을 사용하면 코드를 읽
는 사람에게 해당 시점까지 일부 요소가 이터레이터에 없을 수 있음을 명확히 한다.

다음 값 가져오기

앞에서 언급했듯이 이터레이터에서 요소를 읽으려면 next()를 사용할 수 있다. 이 코드
는 단순히 각 요소를 출력한다.

```kotlin
fun main(args: Array<String>) {
    val iterator : Iterator<Any> = iterator {
        yield(1)
        yield(10L)
        yield("Hello")
    }

    println(iterator.next())
    println(iterator.next())
    println(iterator.next())
}
```

다음과 같은 결과를 볼 수 있다.

```
Run:  chapter5.SampleKt
  ▶    /usr/lib/jvm/java-8-openjdk/bin/java ...
       1
       10
       Hello
```

요소가 더 있는지 검증하기

다른 유용한 함수는 hasNext()로, 이터레이터가 하나 이상의 요소가 있으면 true를, 그렇지 않으면 false를 리턴한다. 예는 다음과 같다.

```kotlin
fun main(args: Array<String>) {
    val iterator = iterator {
        for (i in 0..4) {
            yield(i * 4)
        }
    }

    for (i in 0..5) {
        if (iterator.hasNext()) {
            println("element $i is ${iterator.next()}")
        } else {
            println("No more elements")
        }
    }
}
```

예에서는 처음 다섯 번 호출될 때 숫자를 반환하는 이터레이터를 만든다. 그런 다음 여섯 번 호출한다. 결과는 다음과 같다.

요소를 검증하지 않고 next() 호출하기

next()로 이터레이터에서 요소를 가져올 때는 항상 먼저 hasNext()를 호출하는 것이 좋다. 검색할 요소가 있는지 확인하지 않으면 실행 중에 NoSuchElementException가 발생한다. 예를 들면 다음과 같다.

```
val iterator = iterator {
    yield(1)
}

println(iterator.next())
println(iterator.next())
```

이터레이터는 하나의 값만 생성할 수 있다. 요소의 유효성을 검사하지 않고 next()를 호출하기 때문에 예외가 발생한다.

hasNext()의 내부 작업에 대한 참고사항

hasNext()가 작동하려면 런타임은 코루틴 실행을 재개한다. 새로운 값이 나오면 함수는 true를 반환하고, 더 이상 값이 없어 이터레이터의 실행이 끝나면 함수는 false를 반환한다.

hasNext() 호출로 인해 값이 산출되면 값이 유지되다가 다음에 next()를 호출할 때 값이 반환된다. 예시로 살펴보자.

```
fun main(args: Array<String>) {
    val iterator = iterator {
        println("yielding 1")
        yield(1)
        println("yielding 2")
        yield(2)
    }

    iterator.next()

    if (iterator.hasNext()) {
        println("iterator has next")
        iterator.next()
    }
}
```

코드는 yield() 호출 직전에 메시지를 인쇄하는, 값을 두 개 생성하는 간단한 이터레이터를 만든다. 첫 번째 요소를 얻은 다음 두 번째 요소가 있는지 확인하고 요소가 있으면 출력한다. hasNext()를 호출하면 이터레이터가 두 번째 값을 생성하므로 두 번째로 next()를 호출하면, 이 값을 가져온다.

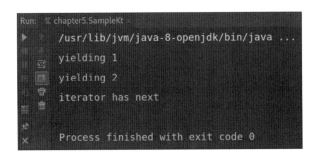

앞 그림에서 볼 수 있듯이, "iterator has next" 이전에 "yielding 2"가 출력된다. hasNext() 수행 중에 그 값이 산출되기 때문이다.

174

▌ 시퀀스

일시 중단 시퀀스는 일시 중단 이터레이터와는 상당히 다르므로 일시 중단 시퀀스의 몇 가지 특성을 살펴보자.

- 인덱스로 값을 가져올 수 있다.
- 상태가 저장stateless되지 않으며, 상호 작용한 후 자동으로 재설정reset된다.
- 한 번의 호출로 값 그룹을 가져올 수 있다.

일시 중단 시퀀스를 만들기 위해 sequence() 빌더를 사용한다. 빌더는 일시 중단 람다를 가져와 Sequence<T>를 반환한다. 여기서 T는 다음과 같이 생성된 요소에 의해 추론될 수 있다.

```
val sequence = sequence {
    yield(1)
}
```

 원문에는 buildSequence를 이용해서 sequence를 생성하지만, 코틀린 버전 1.3부터는 kotlin.sequences.sequence를 사용하도록 변경됐다.

이렇게 하면 시퀀스 Sequence<Int>를 만든다. 이터레이터와 유사하게 산출한 값의 타입을 준수하는 한 T를 지정할 수 있다.

```
val sequence: Sequence<Any> = sequence {
    yield("A")
    yield(1)
    yield(32L)
}
```

시퀀스와 상호 작용

다음 시퀀스를 생각해보자.

```
val sequence = sequence {
    yield(1)
    yield(1)
    yield(2)
    yield(3)
    yield(5)
    yield(8)
    yield(13)
    yield(21)
}
```

시퀀스의 모든 요소 읽기

시퀀스의 모든 요소를 살펴 보기 위해 forEach() 및 forEachIndexed()를 사용할 수 있다. 둘 다 유사하게 동작하지만 forEachIndexed()는 값과 함께 값의 인덱스를 제공하는 확장 함수다.

```
sequence.forEach {
        print("$it ")
}

sequence.forEachIndexed { index, value ->
    println("element at $index is $value")
}
```

앞의 코드 중 첫 번째 코드는 순서대로 8개의 숫자를 출력한다.

특정 요소 얻기

이전 시퀀스는 최대 8개의 값을 생성할 수 있다. 인덱스별로 값을 가져오는 경우 다음
기능 중 하나를 사용할 수 있다.

elementAt

함수는 다음과 같이 인덱스를 가져와 해당 위치의 요소를 반환한다.

```
sequence.elementAt(4)
```

시퀀스에서 생성된 다섯 번째 값과 일치하는 5를 반환한다.

elementAtOrElse

함수는 주어진 인덱스에 요소가 없으면 람다로 실행된다. 람다는 전달된 인덱스를 받
는다. 다음 코드는 시퀀스에 8개의 요소만 있기 때문에 인덱스 10에 2를 곱한 20을 반
환한다.

```
sequence.elementAtOrElse(10, {it * 2})
```

elementAtOrNull

함수는 인덱스를 가져 와서 T?를 반환한다. 주어진 인덱스에 요소가 없으면 다음과 같이 null을 반환한다.

```
sequence.elementAtOrNull(10)
```

시퀀스에 8개의 요소만 있으면 null을 반환한다.

요소 그룹 얻기

값을 그룹으로 가져올 수도 있다. 예를 들면 한 번에 값들의 그룹을 가져올 수 있다.

```
val firstFive = sequence.take(5)
println (firstFive.joinToString ())
```

쉼표로 구분된 처음 5개의 값이 인쇄된다.

 take()는 중간 연산(intermediate operation)이므로 나중에 종단 연산(terminal operation)이 호출되는 시점에 계산돼 Sequence⟨T⟩를 반환한다는 점을 주목하자. 앞의 예제에서 take(5)를 호출하면 실제로 시퀀스에는 값을 갖지 않지만, joinToString()을 호출하면 값을 갖게 된다.

시퀀스는 상태가 없다

일시 중단 시퀀스는 상태가 없고^{stateless} 사용된 후에 재설정^{reset}된다고 설명한 적이 있다. 다음 시퀀스를 살펴보자.

```
val sequence = sequence {
    for (i in 0..9) {
        println ( "Yielding $i")
        yield(i)
    }
}
```

최대 10개의 값을 생성할 수 있는 간단한 시퀀스다. 다음과 같은 값을 읽을 수 있다.

```
fun main(args: Array<String>) {
    println("Requesting index 1")
    sequence.elementAt(1)

    println("Requesting index 2")
    sequence.elementAt(2)

    println("Taking 3")
    sequence.take(3).joinToString()
}
```

이터레이터를 사용하는 것과는 달리 시퀀스는 각각의 호출마다 요소의 처음부터 실행됨을 알 수 있다.

```
Run:   chapter5.SampleKt
  ▶    /usr/lib/jvm/java-8-openjdk/bin/java ...
       Requesting index 1
       Yielding 0
       Yielding 1
       Requesting index 2
       Yielding 0
       Yielding 1
       Yielding 2
       Taking 3
       Yielding 0
       Yielding 1
       Yielding 2
```

일시 중단 피보나치

5장의 주제는 데이터 소스이므로 잘 알려진 시퀀스(유명한 피보나치 수열Fibonacci sequence)를 사용해 일시 중단 시퀀스 및 이터레이터를 구현한다. 피보나치 수열을 계산하는 알고리즘을 이미 작성해봤을 테지만, 일시 중단 함수로 구현하는 것은 이번이 처음이라 본다.

피보나치 수열은 각각의 숫자가 앞의 두 숫자를 더한 결과인 숫자를 갖는 수열이다.

다음 그림에서 시퀀스의 처음 8개 숫자를 볼 수 있다.

목표는 요청 시 해당 시퀀스에서 숫자를 반환하고 호출 사이에는 일시 중단 상태를 유지하는 함수를 작성하는 것이다. 먼저 시퀀스를 사용해 구현 한 다음 이터레이터로 유사하게 만들어본다.

피보나치 수열 작성

다음은 요청 시 숫자를 산출할 수 있는 시퀀스의 초기 구현이다.

```
val fibonacci = sequence {
    yield(1)
    var current = 1
    var next = 1
    while (true) {
        yield(next)
        val tmpNext = current + next
        current = next
        next = tmpNext
    }
}
```

다음은 코드의 작동 방식에 대한 설명이다.

- 시퀀스가 하는 첫 번째 작업은 1을 산출하는 것이다. 실제로 시퀀스의 첫 번째 숫자를 계산할 필요가 없기 때문에 유용하다.
- 첫 번째 숫자가 나오면 시퀀스가 중단된다.
- 두 번째 숫자가 요청되면 시퀀스는 current와 next의 두 변수를 만든다. 1이 시퀀스의 첫 번째 및 두 번째 숫자면 각각 숫자 1로 초기화된다.
- 그런 다음 무한 루프에 들어간다. 이 부분은 데이터 소스가 시퀀스에서 요청된 수만큼 많은 수의 데이터를 배출할 수 있게 한다.
- 다음 번에 시퀀스에서 숫자가 요청되면 가장 먼저 next 값이 산출돼 시퀀스가 일시 중지된다.
- 그 시점부터 값이 요청될 때마다 현재 값과 다음 값이 모두 새 값을 포함하도록 다시 계산되고 다음 값이 산출된다.

코드를 테스트해보자. 시퀀스에서 처음 50개의 숫자를 출력하는 간단한 메인 함수를
포함시킨다.

```
fun main(args: Array<String>) {
    val fibonacci = sequence {
            ...
    }

    val indexed = fibonacci.take(50).withIndex()

    for ((index, value) in indexed) {
            println("$index: $value")
    }
}
```

 withIndex()는 take()와 유사하게 중간 연산(intermediate operation)이다.

마지막으로 인쇄된 요소를 보면 일부 요소가 음수라는 것을 알 수 있다.

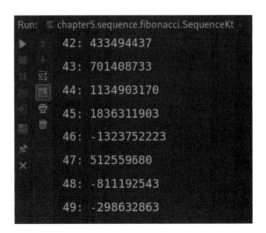

인덱스 44 및 45를 가진 요소의 합이 Int가 가질 수 있는 최댓값을 초과하기 때문이다. 따라서 오버플로우가 발생한다. 더 많은 숫자에 대한 지원을 추가하기 위해 Long을 사용하도록 구현을 간단히 변경한다.

```
val fibonacci = sequence {
    yield(1L)
    var current = 1L
    var next = 1L
    while (true) {
        yield(next)
        val tmpNext = current + next
        current = next
        next = tmpNext
    }
}
```

92번째 요소에서 비슷한 문제가 발생한다는 점에 주의하자. 그러나 지금은 이것으로 충분하다.

피보나치 이터레이터 작성

이터레이터로 구현한 함수 내부는 시퀀스로 구현한 내용과 정확히 같을 것이다.

```
val fibonacci = iterator {
    yield(1L)
    var current = 1L
    var next = 1L
    while (true) {
        yield(next)
        val tmpNext = current + next
        current = next
        next = tmpNext
    }
}
```

이터레이터에서 순서대로 최대 92개의 숫자를 필요할 때 쉽게 얻을 수 있다.

```
for (i in 0..91) {
    println("$i is ${fibonacci.next()}")
}
```

구현을 통해 계산할 수 있는 마지막 요소들은 다음과 같다.

▌ 프로듀서

앞에서 설명한 것처럼 시퀀스와 이터레이터에는 실행 중에 일시 중단할 수 없다는 제한이 있다. 이상적으로는 다른 작업이 끝나기를 기다리는 동안 일시 중단할 수 있어야 해서 이것은 대부분 큰 제약사항이다.

한계를 극복하려면 프로듀서를 사용해야 한다. 프로듀서의 사상과 사용법은 일시 중단 시퀀스나 이터레이터와 비슷하지만 약간의 차이가 있다. 다음은 프로듀서에 대한 몇 가지 중요한 세부 사항들이다.

- 프로듀서는 값이 생성된 후 일시 중단되며, 새로운 값이 요청될 때 다시 재개된다. 이는 일시 중단 시퀀스 및 이터레이터와 유사하다.
- 프로듀서는 특정 CoroutineContext로 생성할 수 있다
- 전달되는 일시 중단 람다의 본문은 언제든지 일시 중단될 수 있다.

- 어느 시점에서든 일시 중단할 수 있으므로 프로듀서의 값은 일시 중단 연산에서만 수신할 수 있다.
- 채널을 사용해 작동하므로 데이터를 스트림처럼 생각할 수 있다. 요소를 수신하면 스트림에서 요소가 제거된다.

프로듀서 만들기

프로듀서를 만들려면 코루틴 빌더 produce()를 호출해야 한다. ReceiveChannel<E>를 리턴한다. 프로듀서는 채널 위에 구축되므로 프로듀서의 요소를 산출하기 위해 send(E) 함수를 사용한다.

```
val producer = GlobalScope.produce {
    send(1)
}
```

launch() 또는 async()와 같은 방식으로 CoroutineContext를 지정할 수 있다.

```
val context = newSingleThreadContext("myThread")

val producer = GlobalScope.produce(context) {
    send(1)
}
```

이터레이터 및 시퀀스와 마찬가지로 타입을 지정할 수 있으며 배출되는 요소가 이를 준수하는 한 작동한다.

```
val producer : ReceiveChannel<Any> = GlobalScope.produce(context) {
    send(5)
    send("a")
}
```

6장, '채널 – 통신을 통한 메모리 공유'에서는 채널, 작동 방식 및 사용 방법을 자세히 설명한다.

프로듀서와 상호작용

프로듀서와의 상호작용은 시퀀스와 이터레이터를 사용해 수행되는 방식을 혼합한 것이다. 6장에서는 채널에 대해 자세히 알아보고 지금은 가장 관련이 있는 ReceiveChannel의 일부 기능에 대해서만 설명한다.

프로듀서의 모든 요소 읽기

프로듀서의 모든 요소를 살펴보기 위해 consumerEach() 함수를 사용할 수 있다.

예를 들면 다음과 같다.

```
val context = newSingleThreadContext("myThread")

val producer = GlobalScope.produce(context) {
    for (i in 0..9) {
        send(i)
    }
}
```

프로듀서는 최대 10개의 숫자를 생성한다. 이들을 모두 가져오려면 간단히 프로듀서에서 consumerEach()를 호출하면 된다.

```
fun main(args: Array<String>) {
    producer.consumeEach {[4][KD5]
        println(it)
    }
}
```

단일 요소 받기

프로듀서로부터 단일 요소를 읽으려면 다음과 같이 receive() 함수를 사용할 수 있다.

```
val producer = GlobalScope.produce {
    send(5)
    send("a")
}

fun main(args: Array<String>) {
    println(producer.receive())
    println(producer.receive())
}
```

코드는 먼저 숫자 5를 인쇄한 다음 문자 a를 인쇄한다.

요소 그룹 가져오기

take() 의 매개변수로 요소의 개수를 제공해서 값을 읽을 수 있다. 다음과 같이 프로듀서로부터 처음 세 요소를 사용consume할 수 있다.

```
producer.take(3).consumeEach {
    println(it)
}
```

ReceiveChannel<E>의 take()는 역시 ReceiveChannel<E>를 반환하며, take()는 중간 연산intermediate operation이므로 종단 연산terminal operation이 발생할 때 세 요소의 실제 값이 계산된다. 여기서의 종단 연산은 consumerEach()다.

사용 가능한 요소보다 더 많은 요소 사용하기

이터레이터와 시퀀스의 경우 가능한 것보다 많은 요소를 검색하려 하면 NoSuchElement Exception 유형의 예외가 발생한다.

반면에 프로듀서의 경우 해당 요소를 얻는 방법에 따라 다르다. 10개 요소까지 배출할 수 있는 채널을 고려하면 다음 코드는 실패하지 않을 것이다.

```
producer.take(12).consumeEach {
        println(it)
}
```

consumerEach는 얼마나 많은 요소를 가져오려 했는지는 상관없이 더 이상 요소가 없으면 중지되기 때문이다. 다른 요소에 별개의 receive()를 추가하도록 코드를 수정하면 애플리케이션이 중단된다.

```
producer.take(12).consumeEach {
        println(it)
}

val element = producer.receive()
```

프로듀서가 실행을 완료하면 채널이 닫히기 때문에 중단이 발생한다. 발생하는 예외는 ClosedReceiveChannelException이다.

프로듀서를 사용한 일시 중단 피보나치 수열

프로듀서를 사용하는 피보나치 수열의 구현은 실제로 이터레이터 및 시퀀스의 피보나
치 수열과 매우 비슷하다. yield()를 send()로 바꾸기만 하면 된다.

```
val context = newSingleThreadContext("myThread")

val fibonacci = GlobalScope.produce(context) {
    send(1L)
    var current = 1L
    var next = 1L
    while (true) {
        send(next)
        val tmpNext = current + next
        current = next
        next = tmpNext
    }
}

fun main(args: Array<String>) = runBlocking {
    fibonacci.take(10).consumeEach {
        println(it)
    }
}
```

앞의 예제는 처음 10개의 숫자를 인쇄한다.

▌프로듀서 인 액션

온 디맨드 방식으로 정보를 가져 오도록 RSS 리더를 바꿔본다. 아이디어는 다음과 같다. 처음에 피드 하나를 가져오고, 사용자가 목록의 끝 부분 가까이에 스크롤할 때 피드를 하나 더 가져올 것이다. 이렇게 하면 소비되는 데이터의 양이 줄어든다.

어댑터에서 더 많은 기사 요청하기

사용자가 스크롤할 때 기사를 요청하도록하려면 기사와 어댑터를 필요에 따라 더 많은 기사를 가져올 수 있는 리스너에 연결해야 한다. 이를 위해 먼저 ArticleAdapter 클래스가 있는 같은 파일에 인터페이스를 추가한다.

```
interface ArticleLoader {
        suspend fun loadMore()
}

class ArticleAdapter: RecyclerView.Adapter<ArticleAdapter.ViewHolder>(){
        ...
}
```

인터페이스는 가능한 한 더 많은 기사를 로드하는 일시 중단 함수을 정의한다. 어댑터를 사용하는 누구나 적절한 리스너를 보내도록 어댑터가 생성자^{constructor}에서 해당 인터페이스의 인스턴스를 받도록 해야 한다. 클래스의 시그니처^{signature}를 다음과 같이 변경한다.

```
class ArticleAdapter(
            private val loader: ArticleLoader
): RecyclerView.Adapter<ArticleAdapter.ViewHolder>() {
        ...
}
```

190

리스너가 필요 이상으로 호출되지 않도록 플래그를 추가해야 어댑터에 변수 loading을 추가한다. 다음과 같이 기사 article 목록의 정의 아래에 추가할 수 있다.

```
private val articles: MutableList<Article> = mutableListOf()
private var loading = false
```

마지막으로 onBindViewHolder() 함수를 변경해서 하단에 가까운 요소 중 하나의 바인딩이 발생할 때 리스너를 호출한다.

```
override fun onBindViewHolder(holder: ViewHolder, position: Int) {
    val article = articles[position]

    // request more articles when needed
    if (!loading && position >= articles.size - 2) {
        loading = true

        launch {
            loader.loadMore()
            loading = false
        }
    }
    ...
}
```

온 디맨드 피드를 가져오는 프로듀서 만들기

이제 프로듀서를 만들 것이다. 이를 위해 먼저 패키지를 생성한다. 패키지 co.starcarr. rssreader.producer를 만들고 ArticleProducer.kt 파일을 그 안에 넣는다.

파일에서 ArticleProducer 오브젝트를 생성하고, 피드 목록부터 시작해서 activity의 코드 일부를 이동할 것이다.

```kotlin
object ArticleProducer {
    private val feeds = listOf(
            Feed("npr", "https://www.npr.org/rss/rss.php?id=1001"),
            Feed("cnn", "http://rss.cnn.com/rss/cnn_topstories.rss"),
            Feed("fox", "http://feeds.foxnews.com/foxnews/latest?format=xml")
    )
}
```

 현재 유효하지 않은 피드는 제거한 것에 주목하자.

디스패처와 팩토리를 여기로 옮길 것이다.

```kotlin
object ArticleProducer {

    ...
    private val dispatcher = newFixedThreadPoolContext(2, "IO")
    private val factory = DocumentBuilderFactory.newInstance()
}
```

192

마지막으로 asyncFetchArticles() 함수를 이동한다. fetchArticles()라고 변경하고 List <Article>을 직접 반환한다.

```
object ArticleProducer {

    ...
    private fun fetchArticles(feed: Feed) : List<Article> {
        ...
    }
}
```

함수를 컴파일하려면 끝에 코드를 추가해야 한다. 다음 코드를 추가한다.

```
private fun fetchArticles(feed: Feed) : List<Article> {
    val builder = factory.newDocumentBuilder()
    val xml = builder.parse(feed.url)
    val news = xml.getElementsByTagName("channel").item(0)

    return (0 until news.childNodes.length)
            .map { news.childNodes.item(it) }
            .filter { Node.ELEMENT_NODE == it.nodeType }
            .map { it as Element }
            ...
}
```

 4장에서 추가한 delay() 호출이 여전히 남아 있으면 제거하자. 이 함수는 더 이상 일시 중단되지 않으며, 코루틴 빌더를 사용하지 않으면 다른 일시 중단 함수를 호출할 수 없다.

실제 프로듀서만 누락됐다. 각 피드를 온 디맨드로 가져오기를 원하므로 피드 목록을 반복해 각 피드의 기사를 보내면 된다. 간단하게 구현하면 다음과 같다.

```
val producer = GlobeScope.produce(dispatcher) {
    feeds.forEach {
        send(fetchArticles(it))
    }
}
```

이제 각 피드의 모든 기사를 프로듀서(Producer<List<Article>>)를 통해 보낸다.

UI의 목록에 기사 추가하기

MainActivity의 많은 코드를 ArticleProducer로 옮겼으므로 이제는 onCreate() 및 asyncLoadNews()만 남았다. asyncLoadNews()를 삭제하고(onCreate( )에서 작성된 호출도 삭제) ArticleLoader를 구현하도록 activity의 시그니처를 변경한다.

```
class MainActivity : AppCompatActivity(), ArticleLoader {
    ...
}
```

일시 중단 함수 loadMore()를 구현해야 한다. ArticleProducer에서 프로듀서를 검색하고 변수에 참조를 할당하자.

```
override suspend fun loadMore() {
    val producer = ArticleProducer.producer
}
```

프로듀서에 접근할 수 있으니 프로듀서가 닫혀 있는지 검사하고, 열려 있으면 기사를 더 요청한다. 해당 기사가 표시되도록 어댑터에 추가한다.

```
override suspend fun loadMore() {
    val producer = ArticleProducer.producer

    if (!producer.isClosedForReceive) {
        val articles = producer.receive()

        launch(UI) {
            findViewById<ProgressBar>(R.id.progressBar).visibility = View.GONE
            viewAdapter.add(articles)
        }
    }
}
```

어댑터의 로더로 this를 전달해야 한다.

```
override fun onCreate(savedInstanceState: Bundle?) {
    super.onCreate(savedInstanceState)
    setContentView(R.layout.activity_main)

    viewManager = LinearLayoutManager(this)
    viewAdapter = ArticleAdapter(this)
    ...
}
```

launch()로 onCreate() 안에서 다음과 같이 loadMore()를 호출을 추가한다.

```
override fun onCreate(savedInstanceState: Bundle?) {
    super.onCreate(savedInstanceState)
    ...

    GlobalScope.lanch {
        loadMore()
    }
}
```

지금 애플리케이션을 테스트해보면 앱을 열 때 스크롤 막대에 내용이 별로 없다고 표시될 것이다. 일단 스크롤을 시작하고 하단에 가까워지면 스크롤 막대가 작아져서 읽을 기사가 더 많다는 것을 나타내게 된다.

약간의 코드 변경만으로 일시 중단 데이터 소스를 구현할 수 있었다. 코드는 복잡하지 않지만 앱의 기능이 향상됐다.

▌ 요약

많은 주제를 살펴봤는데 이 내용들로 일시 중단 연산이 어떻게 보다 창의적인 방식으로 사용될 수 있는지를 알게 됐다. 동시적 연산이면서도 더 단순한 코드를 작성할 수 있게 됨으로써 이것이 애플리케이션 개발에 어떤 영향을 미치는지 알 수 있었다.

- 필요하지 않을 때 일시 중단되는 여러 유형의 일시 중단 함수에 대해 설명했다.
- 시퀀스의 몇 가지 특징은 다음과 같다. 상태 비 저장stateless이므로 각 호출 후 자체적으로 재설정reset된다. 인덱스로 정보를 검색할 수 있다. 한 번에 여러 값의 그룹을 얻을 수 있다.
- 이터레이터의 몇 가지 특징은 다음과 같다. 상태가 있고, 한 방향으로만 읽을 수 있으므로 이전 요소를 검색할 수 없으며, 인덱스로 요소를 검색할 수 없다.
- 시퀀스와 이터레이터는 하나 이상의 값을 생성한 후에 일시 중단될 수 있지만 실행의 일부로 일시 중단될 수 없으므로 숫자의 시퀀스와 같은 비동기 작업이 필요 없는 데이터 소스에 적합하다.
- 시퀀스와 이터레이터는 실행 중에 일시 중단할 수 없으므로 비중단 연산에서 호출할 수 있다.
- 프로듀서는 실행하는 동안을 포함해 언제든지 중단할 수 있다.

- 프로듀서는 실행 중에 일시 중단될 수 있기 때문에, 일시 중단 연산이나 코루틴에서만 호출할 수 있다.
- 프로듀서는 채널을 사용해 데이터를 출력한다.

다음 장에서는 일시 중단 및 통신을 기반으로 채널 및 동시성의 안전성을 알아본다. 코틀린의 동시성에 대해 가장 관련성이 높은 몇 가지 주제를 다룰 것이며, RSS 리더를 다시 한번 수정해 새로 학습한 내용을 실제 상황에 적용할 것이다.

채널 - 통신을 통한 메모리 공유

동시성과 관련된 수많은 오류는 서로 다른 스레드 간에 메모리를 공유할 때 발생한다. 예를 들면 다른 스레드에 의해 객체가 변경되는 경우에 문제가 생긴다. 이런 식의 메모리 공유는 방탄 동기화bulletproof synchronization[1]가 없으면 위험하며 공유 객체가 절대로 들어가지 않아야 하는 상태에 빠질 때가 생긴다. 그리고 이러한 방탄 동기화를 작성하는 것은 보기보다 매우 어렵다.

데드락Deadlocks, 레이스 컨디션Race conditions, 경합 조건, 원자성 위반Atomicity violations은 공유 상태shared state와 관련이 있다. 이들은 공유 상태가 유효하지 않기 때문에 발생하며, 상태가 일관성을 잃어버리는 원인이 되기도 한다.

---

1 동기화를 방탄이 될 정도로 철저히 한다는 의미다. – 옮긴이

이런 문제를 극복하려는 차원에서 코틀린^{Kotlin}, 고^{Go}, 다트^{Dart}와 같은 최신 프로그래밍 언어들은 채널^{Channel}을 제공하고 있다. 채널은 스레드가 서로 상태를 공유하는 대신 메시지를 주고받는 통신을 하도록 함으로써 동시성 코드를 작성하는 데 도움을 주는 도구다.

6장에서는 채널에 관련해 다음 주제를 다룰 것이다.

- 실 사례를 통한 채널의 이해
- 채널의 유형들
- 채널과의 상호 작용
- RSS 리더를 위한 실제 채널 구현

▌ 채널의 이해

채널은 동시성 코드 간에 서로 안전한 통신을 할 수 있도록 해주는 도구다. 채널은 동시성 코드가 메시지를 보내 통신할 수 있도록 해준다. 채널은 실행 중인 스레드에 상관없이 서로 다른 코루틴 간에 메시지를 안전하게 보내고 받기 위한 파이프라인으로 생각할 수 있다.

채널이 어떻게 중요하고 현실적인 시나리오에서 사용될 수 있는지 몇 가지 예를 통해 살펴보자. 많은 코루틴의 공동 작업이 필요한 업무를 구현할 때 채널이 얼마나 유용한지를 이해하는 데 도움이 될 것이다. 연습 삼아서 여기 나열된 문제를 채널 없이 해결할 수 있는 방법을 생각해보자.

스트리밍 데이터 사례

최근에 특정 키워드에 대해 10개의 콘텐츠 인덱서^{content indexers}를 조회한 뒤 검색 결과를 보여주는 비교적 간단한 프로그래밍 작업을 하게 됐다. 첫 번째 접근 방법은 각 콘텐츠 인덱서를 위한 코루틴을 시작해서 `Deferred<List<ResultDto>>`를 반환하고, 모든 코루틴이 완료되면 결과를 병합해서 UI에 보내는 것이다.

그림으로 표현하면 다음과 같다.

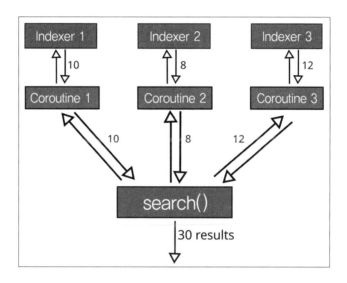

예시에서 search()는 검색할 키워드를 제공하는 세 개의 코루틴으로 시작한다. 각 코루틴은 인덱서로부터 결과를 가져온다. 세 개의 코루틴이 완료되면 search()가 결과를 컴파일하고 반환한다.

각 인덱서가 응답을 반환하는 시간이 다르고 일부는 상당히 오래 걸릴 수 있다는 문제점이 있다. 그렇기 때문에 모든 코루틴이 완료될 때까지 기다려야 하는데, 결과 표시를 지연시켜서 사용자가 즉시 결과와 상호작용하는 것을 방해한다.

더 좋은 해결책을 위해 몇 가지 변화가 필요하다. 첫 번째는 search()에서 Channel<ResultDto>를 반환하는 것으로, 결과가 수신되는 즉시 UI로 보낼 수 있다. 가장 좋은 선택은 ReceiveChannel<ResultDto>를 사용하는 것이다. 둘째는 search()에서 결과가 도착하는 대로 각 코루틴으로부터 끊김 없이 결과를 수신할 수 있도록 하는 방법이다.

이를 위해 각 코루틴은 응답을 가져오고 처리할 때 단일 채널을 통해서 결과를 전송한다. 한편 search()는 호출자가 편리하게 결과를 처리할 수 있도록 간단히 채널만 반환한다.

위 내용을 그림으로 나타냈다.

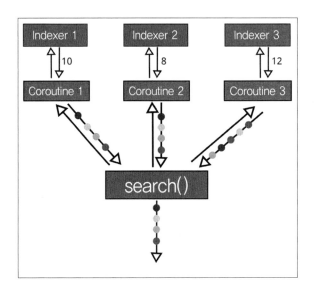

이렇게 하면 호출자는 콘텐츠 인덱서로부터 얻은 결과를 즉시 수신하게 되고 UI는 그 결과를 점차적으로 표시함으로써, 사용자에게 부드러우면서 빠른 경험을 할 수 있도록 해준다.

분산 작업 사례

유즈넷^{Usenet} 그룹의 콘텐츠를 색인화하는 애플리케이션을 만들고 싶었다. 유즈넷 그룹은 오늘날 포럼의 효시다. 각 그룹은 각각의 주제를 가지고 있으며, 사람들은 새로운 스레드(아티클이라고 함)를 작성할 수 있으며, 누구든지 그 아티클에 답변할 수 있다.

일반적인 포럼과 달리, 유즈넷에 접속할 때는 인터넷 브라우저를 사용하지 못한다. 대신 NNTP 프로토콜을 지원하는 클라이언트를 통해 연결해야 한다. 또한 유즈넷 서버에 접속할 때 서버에 대한 동시 접속 수가 제한돼 있는데, 이를테면 40개라고 가정해보자.

요약하면 애플리케이션의 목적은 모든 커넥션을 사용해서 가능한 많은 아티클을 가져오고 파싱한 후 카테고리를 분류해서 처리된 정보를 데이터베이스에 저장하는 것이다. 접근방법은 가능한 모든 커넥션(앞의 예에서 40개라 가정했음)에 하나의 코루틴을 사용해 각 아티클을 가져와서 파싱하고, 콘텐츠를 분류한 다음 데이터베이스에 넣는 것이다. 각 코루틴은 하나를 끝내면 다음 아티클로 넘어갈 수 있다.

이 방법은 다음과 같이 표현할 수 있다.

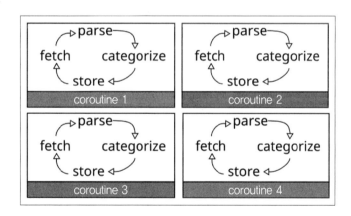

가용 가능한 커넥션을 최대로 사용하지 못한다는 문제점이 있는데, 가능한 것보다 더 낮은 속도로 인덱싱을 하고 있다는 것을 의미한다. 아티클을 가져오는 데 평균 30밀리 초, 내용을 파싱하는 데 20초, 카탈로그를 만드는 데 30초가 소요되며, 이를 데이터베이스에 저장하는 데 20초가 걸린다고 가정하자. 참조할 수 있도록 간단히 끊어서 그림으로 표현해봤다.

아티클을 인덱스하는 데 걸리는 시간의 30%만이 가져오는 데 쓰이고, 나머지 70%는 처리하는 데 사용된다. 그럼에도 불구하고 인덱스 생성의 모든 단계를 수행하기 위해 하나의 코루틴을 사용하기 때문에, 각각의 아티클당 70 밀리초 동안은 커넥션을 사용하지 않는다.

이보다 더 좋은 방법은 아티클을 가져오는 데만 사용되는 40개의 코루틴과 처리를 위한 또 다른 코루틴 그룹(예 : 80개)을 갖는 것이다. 두 그룹을 적절히 구성하면 이런 부하를 처리하기에 충분한 하드웨어가 있다는 가정 하에, 인덱스를 생성하는 전체 실행 시간 내내 커넥션 사용을 극대화할 수 있어 3배 이상 빠르게 콘텐츠를 인덱싱할 수 있다. 끊임없이 데이터를 가져오는 동시에 가능한 한 많이 처리하도록 하드웨어의 사용을 극대화할 수 있다.

구현하려면 40개의 아티클 리트리버retrievers, 가져오는 그룹 그룹과 80개의 아티클 프로세서processors 그룹 사이에 채널만 추가하면 된다. 채널은 모든 리트리버가 가공되지 않은 원시 아티클을 가져와서 넣는 파이프라인을 작동하고, 프로세서는 가져온 아티클이 가용할 때마다 처리하고 저장하는 것이다.

설계는 다음과 같이 표현할 수 있다.

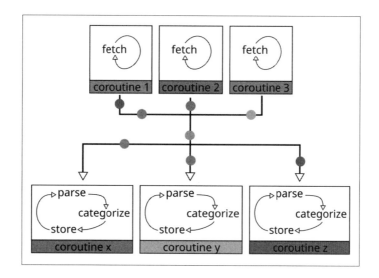

예제에서 가져오는 코루틴과 처리하는 코루틴 사이의 가교가 채널이다. 데이터를 가져오는 코루틴은 각 커넥션의 사용을 극대화할 수 있도록 데이터를 가져와서 가공되지 않은 원시 응답을 채널에 넣는 것에만 관여하는 반면, 처리 코루틴은 채널을 통해 데이터를 가져오는 대로 처리하게 된다.

채널의 작동 방식 때문에 코루틴이 채널로부터 가져온 데이터를 처리하는 작업이 가능해지면서 부하 분산에 대해 걱정할 필요가 없어진다.

변경하고 나서 90밀리초마다 인덱서로부터 약 3개의 아티클을 가져오게 된다. 이는 3배 이상 빠른 것이다. 처리는 이렇게 빠르지 않을 수 있다. 데이터를 가져오는 즉시 다른 코루틴이 처리할 수 있는 충분한 하드웨어 자원이 있는지 여부에 달려 있다.

▌ 채널 유형과 배압

Channel의 send()는 일시 중단 함수다. 그 이유는 실제로 데이터를 수신하는 누군가가 있을 때까지 전송하는 코드를 일시 중지하고 싶을 수도 있기 때문이다. 흔히 배압[2]이라고 하며 리시버receiver가 실제로 처리할 수 있는 것보다 더 많은 요소들로 채널이 넘치지 않도록 도와준다.

배압을 구성하기 위해 채널에 대한 버퍼를 정의할 수 있다. 채널을 통해 데이터를 보내는 코루틴은 채널 안의 요소가 버퍼 크기에 도달하면 일시 중단된다. 채널에서 요소가 제거되는 즉시, 송신자는 다시 재개된다.

언버퍼드 채널

버퍼가 없는 채널을 언버퍼드 채널Unbuffered channels이라고 한다.

RendezvousChannel

현재 언버퍼드 채널의 유일한 구현은 RendezvousChannel뿐이다. 채널 구현은 버퍼가 전혀 없어서 그 채널에서 send()를 호출하면 리시버가 receive()를 호출할 때까지 일시 중지된다. 채널 유형은 몇 가지 방법으로 인스턴스화할 수 있다.

먼저 생성자를 호출해서 생성할 수 있다.

```
val channel = RendezvousChannel<Int>()
```

Channel() 함수를 사용할 수도 있다. Channel() 함수는 두 가지 구현을 갖고 있는데 하나는 버퍼 용량을 파라미터로 갖고, 다른 하나는 아무런 파라미터도 갖지 않는다. 파라

---

2 역압(backpressure), 리액티브 선언문(The Reactive Manifesto: https://www.reactivemanifesto.org/ko/glossary#Back-Pressure)에 따르면 배압은 특정 컴포넌트가 부하를 이겨내기 힘들 때, 시스템 전체가 합리적인 방법으로 대응하기 위한 것으로 상류 컴포넌트들에 자신이 과부하 상태라는 것을 알려 부하를 줄이는 피드백 방법을 의미한다. – 옮긴이

미터 없이 함수를 호출해서 RendezvousChannel을 얻을 수 있다.

```
val rendezvousChannel = Channel<Int>()
```

버퍼 용량을 0으로 전달했을 때도 같은 결과를 얻을 수 있다.

```
val rendezvousChannel = Channel<Int>(0)
```

이미 언급했듯이, 이 채널은 다음과 같이 요소가 검색될 때까지 송신자의 실행을 중지한다.

```
fun main(args: Array<String>) = runBlocking {
    val time = measureTimeMillis {
        val channel = Channel<Int>()
        val sender = GlobalScope.launch {
            repeat(10) {
                channel.send(it)
                println("Sent $it")
            }
        }
        channel.receive()
        channel.receive()
    }
    println("Took ${time}ms")
}
```

이 예에서 sender 코루틴은 채널을 통해 최대 10개의 숫자까지 보낼 수 있다. 그러나 실행이 끝나기 전에 채널로부터 수신하는 요소가 두 개 뿐이어서 두 요소만 전송된다.

이 코루틴의 결과는 다음과 같다.

```
Run:    chapter6.unbufffered.rendezvous.RendezvousKt
        /Library/Java/JavaVirtualMachines/j
        Sent 0
        Sent 1
        Took 25ms

        Process finished with exit code 0
```

버퍼드 채널

두 번째 유형의 채널은 버퍼를 가지는 채널이다. 앞에서 언급한 바와 같이, 이 유형의
채널은 채널 내 요소의 수가 버퍼의 크기와 같을 때마다 송신자의 실행을 중지한다. 버
퍼의 크기에 따라 몇 가지 종류의 버퍼드 채널^{Buffered channels}이 있다.

LinkedListChannel

중단 없이 무한의 요소를 전송할 수 있는 채널을 원한다면 LinkedListChannel이 필요하
다. 이 채널 유형은 어떤 송신자도 중단하지 않는다. 생성자를 사용해 Channel() 채널
유형의 인스턴스를 얻을 수 있다.

```
val channel = LinkedListChannel<Int>()
```

Channel.UNLIMITED 파라미터와 함께 Channel() 함수를 사용할 수도 있다.

```
val channel = Channel<Int>(Channel.UNLIMITED)
```

> Channel.UNLIMITED는 Int.MAX_VALUE와 같기 때문에, 둘 중 하나를 Channel()에 전달해
> 서 LinkedListChannel의 인스턴스를 가져온다.

208

Channel() 채널은 송신자를 절대로 일시 중지하지 않는다. 예시로 다음 코드를 보자.

```kotlin
fun main(args: Array<String>) = runBlocking {
    val time = measureTimeMillis {
        val channel = Channel<Int>(Channel.UNLIMITED)
        val sender = GlobalScope.launch {
            repeat(5) {
                println("Sending $it")
                channel.send(it)
            }
        }
        delay(500)
    }
    println("Took ${time}ms")
}
```

구현에서는 채널이 5개의 요소를 처리할 수 있는 리시버가 없더라도 sender가 5개의 요소를 내보낼 수 있다.

 실제로는 메모리인 LinkedListChannels를 사용해 내보낼 수 있는 요소의 수에는 제한이 있다. 이 유형의 채널은 메모리를 너무 많이 소모할 수 있기 때문에 사용할 때 주의해야 한다. 이 채널 대신에 요구사항과 대상 디바이스에 기반하는 버퍼 크기를 갖는 버퍼드 채널을 사용하는 것을 권장한다.

ArrayChannel

이 채널 유형은 버퍼 크기를 0부터 최대 int.MAX_VALUE - 1까지 가지며, 가지고 있는 요소의 양이 버퍼 크기에 이르면 송신자를 일시 중단한다. int.MAX_VALUE보다 적은 값을 Channel()에 전달하는 방식으로 생성할 수 있다.

```
val channel = Channel<Int>(50)
```

또한 생성자를 직접 호출해 생성할 수 있다.

```
val arrayChannel = ArrayChannel<Int>(50)
```

버퍼가 가득 차면 송신자를 일시 중지하고, 다음과 같이 하나 이상의 항목이 검색되면 다시 재개한다.

```kotlin
fun main(args: Array<String>) = runBlocking {
    val time = measureTimeMillis {
        val channel = Channel<Int>(4)
        val sender = GlobalScope.launch {
            repeat(10) {
                channel.send(it)
                println("Sent $it")
            }
        }
        delay(500)
        println("Taking two")
        channel.take(2).receive()
        delay(500)
    }
    println("Took ${time}ms")
}
```

예제에서 sender는 최대 10개의 요소를 내보낼 수 있지만 채널 용량이 4이기 때문에 다섯 번째 요소를 보내기 전에 중단된다. 두 개의 요소가 수신되면 sender는 버퍼가 다시 찰 때까지 재개한다.

ConflatedChannel

세 번째 유형의 버퍼드 채널은 내보낸 요소가 유실돼도 괜찮다는 생각이 깔려 있다. 이 유형의 채널에는 하나의 요소의 버퍼만 갖고 있고, 새로운 요소가 보내질 때마다 이전 요소는 유실된다. 또한 송신자가 절대로 일시 중지되지 않는다는 것을 의미한다.

생성자를 호출해 인스턴스를 생성할 수 있다.

```
val channel = ConflatedChannel<Int>()
```

Channel.CONFLATED 파라미터로 Channel() 함수를 호출함으로써 인스턴스를 생성할 수 있다.

```
val channel = Channel<Int>(Channel.CONFLATED)
```

채널은 송신자를 절대 일시 중지하지 않는다. 대신에 가져오지 않은 요소를 덮어쓴다. 다음 예제를 보자.

```
fun main(args: Array<String>) = runBlocking {
    val time = measureTimeMillis {
        val channel = Channel<Int>(Channel.CONFLATED)
        launch {
            repeat(5) {
                channel.send(it)
                println("Sent $it")
            }
        }
        delay(500)
        val element = channel.receive()
        println("Received $element")
    }
    println("Took ${time}ms")
}
```

구현은 채널을 통해 전송된 마지막 값을 포함하는 요소를 갖는다. 숫자 4가 될 것이다.

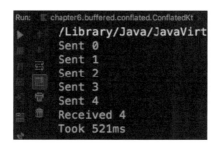

▌ 채널과 상호작용

Channel<T>의 동작은 SendChannel<T>와 ReceiveChannel<T>의 두 개의 인터페이스로 이
뤄져 있다. 각 인터페이스에 정의된 함수와 채널과 상호작용하기 위한 방법에 대해서
살펴본다.

SendChannel

채널을 통해 요소를 보내기 위한 몇 개의 함수와 무언가를 보낼 수 있는지 검증하기 위한 다른 함수들을 정의한다.

보내기 전 검증

채널을 통해 요소를 보내기 전에 수행할 수 있는 몇 가지 검증 방법이 있다. 가장 일반적인 방법은 전송을 위한 채널이 닫히지 않았는지 확인하는 것이다. 이를 위해서 isClosedForSend를 사용할 수 있다.

```
val channel = Channel<Int>()
channel.isClosedForSend // false
channel.close()
channel.isClosedForSend // true
```

채널 용량이 부족한지도 체크할 수 있다. 채널이 가득 차면 다음 send를 호출한 다음에 채널이 일시 중단되므로, 현재 코루틴을 일시 중단하고 싶지 않을 때 유용하다.

```
val channel = Channel<Int>(1)
channel.isFull // false[3]
channel.send(1)
channel.isFull // true
```

요소 전송

채널을 통해 요소를 전송하려면 앞에서 본 바와 같이 send() 함수를 사용해야 한다. 함수는 버퍼드 채널Buffered Channel에서 버퍼가 가득 차면 송신자를 일시 중단하며, RendezvousChannel이면 receive()가 호출될 때까지 일시 중단하는 일시 중단 함수다.

---

3 coroutine 1.2.0-alpha 버전에서 실험적인 기능인 SendChannel의 isFull과 isEmpty는 Deprecated 되었다. 자세한 내용은 아래 깃헙 저장소를 참고한다. https://github.com/Kotlin/kotlinx.coroutines/issues/1053 − 옮긴이

```
val channel = Channel<Int>(1)
channel.send(1)
```

채널이 닫히면 send() 함수는 ClosedChannelException을 던진다.

```
val channel = Channel<Int>(1)
channel.close()
channel.send(1) // ClosedChannelException 발생
```

요소 제공

특정 상황에서 채널을 통해 요소를 보낼 수 있는 비 일시 중단^{non-suspending} 함수가 있다.
offer() 함수는 대기열^{queue}에 추가할 요소를 가지며, 채널의 상태에 따라 Boolean을
반환하거나 예외를 던진다.

채널이 닫힌 상태

channel.isClosedForSend가 true인 경우, offer()는 다음과 같이 ClosedSendChannel
Exception 유형의 예외를 던진다.

```
val channel = Channel<Int>(1)
channel.close()
channel.offer(10)
```

채널이 닫혔다는 것을 나타내는 오류가 발생한다.

214

채널이 가득 찬 상태

isFull이 true이면 offer()는 간단히 false를 반환한다.

```
val channel = Channel<Int>(1)
channel.send(1)
channel.offer(2) // false
```

채널이 열리고 가득 차지 않은 상태

채널이 열려 있고 가득 차 있지 않을 때는 offer()는 요소를 대기열에 추가한다. 일시 중단 연산에서 발생하지 않은 채널에 요소를 추가하는 유일한 방법이다.

```
val channel = Channel<Int>(1)
channel.offer(2) // true
channel.receive() // 2
```

TIP AbstractSendChannel의 send()를 구현할 때는 offer()를 먼저 사용해서 대기열에 요소를 추가해보는 시도를 한다. 그런 식으로 송신자는 필요한 경우를 제외하고 일시 중지하지 않는다.

ReceiveChannel

5장에서 이미 ReceiveChannel의 몇 가지 기본 사항을 다뤘다. 이전에 언급되지 않은 몇 가지 함수들을 살펴봄으로써 분석을 마친다.

읽기 전 유효성 검사

예외를 피하거나 일반적인 코드 흐름 개선을 위해, ReceiveChannel에서 정보를 읽기 전에 몇 가지 확인할 사항이 있다.

isClosedForReceive

첫 번째는, 다음 예제와 같이 수신에 대해 닫힌 채널인지 여부를 나타내는 isClosed ForReceive 속성을 확인해야 한다.

```
val channel = Channel<Int>()
channel.isClosedForReceive // false
channel.close()
channel.isClosedForReceive // true
```

닫힌 채널에서 receive가 호출되면, ClosedReceiveChannelException이 발생한다.

```
val channel = Channel<Int>()
channel.close()
channel.receive()
```

코드는 단순히 비정상적으로 종료된다.

216

isEmpty

두 번째 유효성 확인은 수신할 것이 있는지 여부를 확인하는 일이다. isEmpty 속성을 사용해 수행할 수 있다.

```
val channel = Channel<Int>(1)
channel.isEmpty // true
channel.send(10)
channel.isEmpty // false
```

채널 인 액션

이제 RSS 리더에서 실제로 채널을 사용할 때다. 새로운 검색 기능을 추가하고 채널을 사용해 한 번에 구성한 모든 뉴스 아울렛을 검색한다.

검색 액티비티 추가

activity_main.xml 레이아웃 파일을 복사하고 activity_search.xml로 이름을 지정한다.

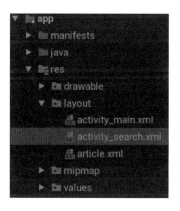

완료되면 새로운 코틀린 파일을 생성하고 SearchActivity라는 이름으로 지정한다.

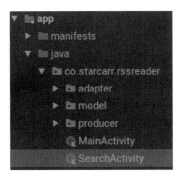

그 파일 안에 액티비티를 생성할 것이다. 처음에는 방금 만든 레이아웃을 인플레이트
한다.

```kotlin
class SearchActivity : AppCompatActivity() {
    override fun onCreate(savedInstanceState: Bundle?) {
        super.onCreate(savedInstanceState)
        setContentView(R.layout.activity_search)
    }
}
```

이제 검색 필드와 검색 수행을 위한 클릭 버튼을 포함하도록 레이아웃을 수정해야 한
다. 다음과 같이 activity_search.xml을 수정해 ConstraintLayout의 시작 부분에 두 요
소를 추가한다.

```xml
<android.support.constraint.ConstraintLayout ...>
  <EditText
    android:id="@+id/searchText"
    android:layout_width="250dp"
    android:layout_height="wrap_content"
    app:layout_constraintTop_toTopOf="parent" />
  <Button
    android:id="@+id/searchButton"
```

```
android:text="Search"
app:layout_constraintLeft_toRightOf="@id/searchText"
android:layout_width="80dp"
android:layout_height="50dp" />
```

그런 다음 searchText 아래에 리사이클러 뷰^{recycler view}와 프로그레스 바가 나오도록 업데이트해야 한다. 간단하게 만들기 위해서 프로그레스 바를 없애려고 하는데 Recycler View의 레이아웃에서 프로그레스 바에 해당하는 XML을 제거하자.

```
<androidx.recyclerview.widget.RecyclerView
    android:scrollbars="vertical"
    android:id="@+id/articles"
    android:layout_height="wrap_content"
    android:layout_width="match_parent"
    app:layout_constraintTop_toBottomOf="@id/searchText"
    />
```

애플리케이션이 SearchActivity로 직접 열리게 하려고 한다. AndroidManifest.xml을 업데이트해 기본 액티비티를 .SearchActivity로 변경한다.

```
<application ...>
    <activity android:name=".SearchActivity">
        <intent-filter>
            <action android:name="android.intent.action.MAIN" />

            <category android:name="android.intent.category.LAUNCHER" />
        </intent-filter>
    </activity>
</application>
```

 SearchActivity에만 android.intent.action.MAIN이 있음을 확인한다.

search 함수 추가

두 번째 단계는 검색을 올바르게 수행하기 위한 로직을 추가하는 것이다. co.starcarr.
rssreader.search 패키지를 생성하고 그 안에 Searcher.kt 파일을 둔다.

Searcher.kt 파일 안에 Searcher 클래스를 만들고, 주어진 쿼리query로 Receive
Channel<Article>를 반환하는 함수를 포함한다. 호출자가 정보를 보내기 위해 이 채널
을 사용하지 않도록 ReceiveChannel을 반환하려고 하는 것이다.

```
class Searcher() {
    fun search(query: String) : ReceiveChannel<Article> {
        val channel = Channel<Article>(150)
        return channel
    }
}
```

협업 검색 구현하기

실제 검색 기능을 구현할 수 있다. Searcher 클래스에 피드 목록을 추가하고, 문서를 검
색하기 위한 디스패처와 문서 팩토리document factory를 추가한다.

```
class Searcher() {

    val dispatcher = newFixedThreadPoolContext(3, "IO-Search")
    val factory = DocumentBuilderFactory.newInstance()

    val feeds = listOf(
            Feed("npr", "https://www.npr.org/rss/rss.php?id=1001"),
            Feed("cnn", "http://rss.cnn.com/rss/cnn_topstories.rss"),
            Feed("fox", "http://feeds.foxnews.com/foxnews/latest?format=xml")
    )
    ...
}
```

피드를 가져오고 제목이나 설명을 포함해서 기사를 필터링하고 파라미터로 전달 받은 SendChannel을 통해 전송하는 search() 함수를 추가할 수 있다. 초기 구현은 producer 에서 사용했던 것과 매우 유사하다.

```
private suspend fun search(
        feed: Feed,
        channel: SendChannel<Article>,
        query: String) {
    val builder = factory.newDocumentBuilder()
    val xml = builder.parse(feed.url)
    val news = xml.getElementsByTagName("channel").item(0)

    (0 until news.childNodes.length)
            .map { news.childNodes.item(it) }
            .filter { Node.ELEMENT_NODE == it.nodeType }
            .map { it as Element }
            .filter { "item" == it.tagName }
            .forEac h {
                // TODO: 파싱 및 필터링
            }
}
```

그러나 모든 콘텐츠를 매핑하는 대신 필터링한 기사를 채널을 통해 전송하려고 한다.

```
val title = it.getElementsByTagName("title")
            .item(0)
            .textContent
var summary = it.getElementsByTagName("description")
            .item(0)
            .textContent

if (title.contains(query) || summary.contains(query)) {
    if (summary.contains("<div>")) {
        summary = summary.substring(0, summary.indexOf("<div>"))
    }

    val article = Article(feed.name, title, summary)
    channel.send(article)
}
```

검색 함수 연결

쿼리를 받아서 ReceiveChannel<Article>를 반환하는 공개public search() 함수와 피드feed, 쿼리query, 채널channel을 갖고 실제 검색을 하는 비공개private search() 함수를 만들었다. 목표는 두 함수를 서로 연결하는 것이다. 공개 search() 함수로 가서 각 피드에 대해 검색을 수행하도록 업데이트한다.

```
fun search(query: String) : ReceiveChannel<Article> {
    val channel = Channel<Article>(150)

    feeds.forEach { feed ->
        launch(dispatcher) {
            search(feed, channel, query)
        }
    }
    return channel
}
```

222

쿼리query 파라미터를 갖는 공개 search() 함수가 생겼으며, 피드에 있는 결과를 보내기 위한 채널을 반환해준다. search()를 호출하는 호출자는 기사를 수신할 수 있다.

ArticleAdapter 업데이트

계속 진행하기 전에 ArticleAdapter에서 구현한 로직을 업데이트해야 한다. 여기서는 구현이 필요에 따라 로드되지 않아서 ArticleLoader와 관련된 코드를 제거해야 한다. ArticleAdapter에서 ArticleLoader를 사용하지 않도록 생성자를 업데이트하자.

```
class ArticleAdapter
    : RecyclerView.Adapter<ArticleAdapter.ViewHolder>() {

    ...
}
```

onBindViewHolder() 함수에서 필요할 때 기사를 더 로드하는 코드를 제거한다. 구현은 다음과 같다.

```
override fun onBindViewHolder(holder: ViewHolder, position: Int) {
    val article = articles[position]

    holder.feed.text = article.feed
    holder.title.text = article.title
    holder.summary.text = article.summary
}
```

어댑터에 점진적으로 기사를 추가하는 함수를 추가한다. 함수를 클래스 끝에 추가한다.

```
fun add(article: Article) {
    this.articles.add(article)
    notifyDataSetChanged()
}
```

그 아래에 어댑터를 지우기 위한 함수를 추가한다. 검색하는 사이에 목록을 지워야 하기 때문에 이 방법이 유용하다.

```kotlin
fun clear() {
    this.articles.clear()
    notifyDataSetChanged()
}
```

어댑터를 인스턴스화할 때 this를 파라미터로 전달하지 않도록 MainActivity를 업데이트해야 한다. 그런 후에 어댑터를 검색 기능을 위해서 사용할 수 있다.

결과 보여주기

이제 UI에서 검색을 수행하고 결과를 보여주도록 해야 한다. 버튼을 클릭할 때 호출될 search() 함수를 추가해야 하며 리사이클러 뷰^{RecyclerView}, 어댑터^{ArticleAdapter}, 레이아웃 매니저^{LayoutManager}를 위한 변수도 추가해야 한다.

```kotlin
class SearchActivity : AppCompatActivity()
{
    private lateinit var articles: RecyclerView
    private lateinit var viewAdapter: ArticleAdapter
    private lateinit var viewManager: RecyclerView.LayoutManager
    ...
    private suspend fun search() {
        // TODO: 검색 기능 구현
    }
}
```

클릭 리스너$^{click\ listener}$를 추가하기 위해 onCreate() 함수를 업데이트해야 한다. 일부 추가된 변수를 인스턴스화할 기회이기도 하다.

```
override fun onCreate(savedInstanceState: Bundle?) {
    super.onCreate(savedInstanceState)
    setContentView(R.layout.activity_search)

    viewManager = LinearLayoutManager(this)
    viewAdapter = ArticleAdapter()
    articles = findViewById<RecyclerView>(R.id.articles).apply {
        layoutManager = viewManager
        adapter = viewAdapter
    }

    findViewById<Button>(R.id.searchButton).setOnClickListener {
        viewAdapter.clear()
        launch {
            search()
        }
    }
}
```

액티비티의 search() 함수로 돌아가서 EditText로부터 현재 텍스트를 가져온 다음
Searcher.search()를 호출해 해당 텍스트를 쿼리로 전달해야 한다. 액티비티의 인스턴
스에 searcher를 추가한다.

```
class SearchActivity : AppCompatActivity()
{
    private val searcher = Searcher()
    ...
}
```

실제 검색을 수행하고 결과가 오면 어댑터에 항목을 추가할 수 있다.

```
private suspend fun search() {
    val query = findViewById<EditText>(R.id.searchText)
            .text.toString()
```

```
val channel = searcher.search(query)

while (!channel.isClosedForReceive) {
    val article = channel.receive()

    GlobalScope.launch(UI) {
        viewAdapter.add(article)
    }
}
```

주어진 쿼리query와 함께 기사가 검색될 때마다 액티비티가 기사를 수신해서 어댑터에 추가한다. 이제 모든 피드에 대한 검색을 수행할 수 있다.

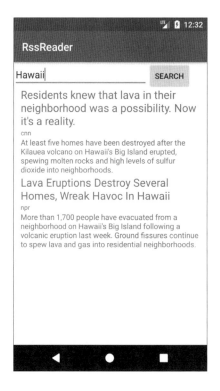

연습을 통해서 일부 피드에서 수동으로 지연을 강제할 수 있으며, 피드 중 하나가 빠르면 앱 사용 경험이 수용할 만하다는 것을 알게될 것이다.

▌ 요약

6장은 전부 협업 동시성에 관한 내용이었다. 실용적이며 기술적인 관점에서의 여러 주제들을 볼 수 있었다. 배운 것을 상기하기 위해 다시 정리해본다.

- 협업 동시성collaborative concurrency과 관련된 과제를 해결하기 위해 채널을 사용하는 몇 가지 실제 사례에 대해 논의했다.
- 채널이 일종의 통신 도구라는 것을 배웠다. 채널은 스레드와 상관없이 코루틴 간에 메시지를 안전하게 보낼 수 있다.
- 언버퍼드 채널unbuffered channels에 대해 이야기했다. 이러한 채널은 각 요소를 위한 receive()가 호출될 때까지 send()를 일시 중단한다.
- 세 가지 유형의 버퍼드 채널buffered channels 다뤘다. ConflatedChannel은 전송된 마지막 요소만 유지한다. LinkedListChannel은 무제한 요소를 갖거나, 최소한 가용한 메모리에서 가능한 많은 요소를 가질 수 있어서 send()가 호출되더라도 중단되지 않는다. ArrayChannel은 요소의 양이 버퍼의 크기에 도달하면 send()에서 일시 중지된다.
- SendChannel의 isClosedForSend와 isFull과 같은 여러 가지 중요한 속성과 함수들을 익혔다. 또한 일시 중단 함수인 send()와 비 일시 중단 함수인 offer()에 대해서도 이야기했다. 닫힌 송신 채널에서 send 또는 offer를 시도할 때 발생할 수 있는 예외에 대해서 설명했다.
- ReceiveChannel에 대해서도 다뤘으며, isClosedForReceive와 isEmpty 속성의 사용법에 대해서 설명했다. 그 위에서 닫힌 수신 채널로부터 수신하려고 할 때 발생할 수 있는 예외들에 대해서 살펴봤다.

- RSS 리더에 협업 동시성을 추가하고, 검색 기능을 추가하기 위해 채널과 스트림으로 이 모든 것을 실현했다.

7장에서는 스레드 한정^{Thread Confinement}, 액터^{Actors} 및 뮤텍스^{Mutexes}와 같은 다른 고급 개념에 대해 설명한다. 이들 모두는 동시성을 위한 중요한 방법들이다.

7장을 공부함으로써 코틀린에서 동시성 문제에 직면할 때마다 사용할 수 있는 완전한 도구들을 얻을 수 있을 것이다.

07

스레드 한정, 액터 그리고 뮤텍스

코틀린은 동시성 코드를 안전하게 작성하는 데 사용할 수 있는 많은 도구를 제공한다. 6장에서는 협업 동시성의 관점에서 채널에 대해 설명했는데, 7장에서는 스레드 간에 상태 공유를 회피하는 데 사용할 수 있는 다양한 도구들에 대해 깊이 살펴볼 것이다. 원자성 위반에 대한 설명에서부터 이를 회피하는 방법까지 이야기한다.

원자성 위반의 관점에서 많은 주제를 다룰 텐데 여기서 거론되는 주제들은 다른 시나리오에서도 사용할 수 있다는 점을 이해할 필요가 있다. 가령 이 장에서 다루는 방법들을 사용해 레이스 컨디션을 방지할 수도 있다.

7장에서 다루는 내용은 다음과 같다.

- 원자성 위반에 대한 요약
- 스레드 한정
- 안전한 동시성을 위해 스레드 한정을 사용하는 시기와 방법
- 액터
- 액터의 작동 방식과 사용시기
- 상호 배제
- 상호 배제를 사용하는 방법
- 휘발성 변수
- 휘발성 변수를 사용하는 경우
- 원자적 변수

▎ 원자성 위반

1장에서 설명했는데 원자성 위반이라는 동시성 오류 유형이 있다. 이 유형의 오류는 정확한 동기화 없이 객체의 상태를 동시에 수정할 때 발생한다. 1장에서 봤던 예는 매우 간단했다. 서로 다른 스레드에 있는 여러 코루틴이 객체의 상태를 수정했기 때문에 일부 수정 사항이 유실됐다.

원자성 위반은 코틀린에서도 발생할 수 있지만 오류를 피할 수 있도록 디자인하는 데 도움이 되는 기본형primitives을 제공한다.

원자성이 무엇을 의미하고 원자성 위반이 어떻게 발생하는지 제대로 이해한다면 코드를 어떻게 작성해야 원자적으로 실행될 수 있는지 알 수 있을 것이다.

원자성의 의미

소프트웨어 실행의 관점에서, 연산^{operation}이 단일하고 분할할 수 없을 때 이 연산을 원자적^{atomic}이라 한다. 공유 상태에 관해 언급할 때 흔히 많은 스레드에서 하나의 변수를 읽거나 쓰는 것에 대해 이야기한다.

변수의 상태를 수정하는 것은 일반적으로 변수 값을 읽고 수정하고 업데이트된 값을 저장하는 것처럼 여러 단계로 구성돼 있다. 보통 이렇게 원자적이지 않아서 문제가 발생한다.

동시성 애플리케이션을 실행하게 되면 공유 상태를 수정하는 코드 블록이 다른 스레드의 변경 시도와 겹치면서 이런 문제가 발생한다. 예컨대 한 스레드가 현재 값을 바꾸는 중에 아직 쓰지는 않은 상태에서 다른 스레드가 현재 값을 읽을 수 있다. 이런 상황은 하나 또는 그 이상의 공유 상태에 대한 변경사항이 덮어 씌워져 유실될 수 있음을 의미한다.

간단한 함수를 예로 들어보자.

```
private var counter = 0

fun increment() {
    counter ++
}
```

순차적으로 실행하면, counter 값에 대해 걱정할 필요 없이 incremental()을 원하는 만큼 호출할 수 있다. counter의 값은 항상 increment()가 호출된 횟수와 일치한다.

그러나 여기에 동시성을 추가하면 내부의 많은 것들이 바뀐다. 1장, 'Hello, Concurrent World!'의 기본적인 비동기 함수부터 시작해보자.

```
var counter = 0

fun asyncIncrement(by: Int) = async(CommonPool[1]) {
    for (i in 0 until by) {
        counter++
    }
}
```

CommonPool을 CoroutineContext로 사용해 요청한 횟수만큼 counter를 늘리고 있다. 하나 이상의 프로세스 유닛이 있는 디바이스에서 실행한다고 가정하고 다음과 같이 메인 함수에서 호출할 수 있다.

```
fun main(args: Array<String>) = runBlocking {
    val workerA = asyncIncrement(2000)
    val workerB = asyncIncrement(100)

    workerA.await()
    workerB.await()

    print("counter [$counter]")
}
```

실행 후 counter의 값이 가끔 2100보다 낮다는 것을 알 수 있다.

counter++를 수행하는 코드가 원자적이지 않아서 발생한다. 이 한 줄의 코드는 읽기, 수정 및 쓰기의 세 가지 작업으로 나눌 수 있으며, 스레드가 작동하는 방식 때문에 한 스

232

레드의 쓰기 변경사항이 다른 스레드에서 값을 읽거나 수정할 때 보이지 않을 수 있다. 여러 스레드가 잠재적으로 counter를 같은 값으로 증가시킬 수 있다.

이것이 실제로 의미하는 바는 asyncIncrement 내부의 여러 for 루프 중 여러 사이클이 counter값을 오직 한 번만 바꿨다는 것이다. 1장, 'Hello, Concurrent World!'의 다이어그램 설명을 확인해보자.

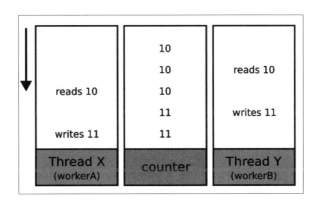

다이어그램에서는 두 개의 스레드가 같은 값을 읽지만 읽기와 쓰기가 중복돼 증가분 중 하나는 유실된다.

코드 블록을 원자적으로 만들려면 블록 안에서 발생하는 어떤 메모리 액세스도 동시에 실행되지 않도록 해야 한다. 여러 가지 방법으로 수행할 수 있으며 가장 좋은 방법은 상황의 특성에 따라 다르다.

 앞의 예제에서 오류를 효과적으로 재현하려면 오류를 여러 번 실행해야 할 수도 있다는 점에 유의하자. 이는 동시성과 관련된 여러 문제 중 하나로, 식별하거나 재현하기 어려운 특정한 상황에서만 발생한다.

스레드 한정

원자성 위반 문제는 여러 가지 방법으로 해결할 수 있다. 첫 번째 방법으로는 간단한 방식으로 문제를 해결하는데, 상태가 여러 스레드 간에 공유될 때만 문제가 발생할 수 있다는 점을 알고, 이러한 일이 일어나지 않도록 하는 것이다.

스레드 한정의 개요

스레드 한정은 이름에서 알 수 있듯이, 공유 상태에 접근하는 모든 코루틴을 단일 스레드에서 실행되도록 한정하는 것을 의미한다. 상태가 더 이상 스레드 간에 공유되지 않으며 하나의 스레드만 상태를 수정한다는 뜻이다.

이 방법은 모든 코루틴이 같은 스레드에서 상태를 수정해야 애플리케이션의 성능에 부정적인 영향을 미치지 않는다는 점을 알고 있을 때 한해서는 유용하다.

코루틴을 단일 스레드로 한정

이 장의 시작 부분에 있는 예제를 수정해 asyncIncrement()가 단일 스레드로 제한돼 실행되도록 한다.

```
var counter = 0
val context = newSingleThreadContext("counter")

fun asyncIncrement(by: Int) = async(context) {
    for (i in 0 until by) {
        counter++
    }
}
```

asyncIncrement() 호출 횟수에 관계없이 단일 스레드에서 실행되므로 counter에 대한 모든 변경사항이 순차적이라는 것을 의미한다. .

```
Run:  chapter7.confinement.Thread_confinementKt
      /Library/Java/JavaVirtualMachines/jdk1.8.0_171.jdk/Contents/Home/bin/java ...
      counter [2100]
      Process finished with exit code 0
```

▍ 액터

스레드 한정은 앞에서 언급한 시나리오에서는 잘 작동하지만 앱의 여러 다른 부분에서 공유 상태를 수정해야 하거나, 원자 블록에 더 높은 유연성을 원하는 시나리오의 경우 이를 확장하는 방법이 필요하다. 좀더 복잡한 시나리오라면 스레드 한정이라는 개념을 기반으로 이전에 보았던 동시성 기본 요소인 채널을 사용해 솔루션을 개선할 수 있다. 두 가지를 혼합해 액터를 만들 수 있다.

액터의 역할

액터는 두 가지 강력한 도구의 조합이다. 상태 액세스를 단일 스레드로 한정하고 다른 스레드가 채널로 상태 수정을 요청할 수 있다. 액터를 사용하면 값을 안전하게 업데이트할 수 있을 뿐만 아니라 이를 위한 강력한 커뮤니케이션 메커니즘도 갖추게 된다.

액터 생성

여러 다른 스레드에서 counter를 안전하게 수정해야 한다고 가정해보자. 먼저 새 클래스를 만든다. 이 클래스에는 counter의 현재 값을 가져오는 함수와 private 카운터 및 private 싱글 스레드 디스패처를 가질 수 있다.

```
private var counter = 0
private val context = newSingleThreadContext("counterActor")

fun getCounter() = counter
```

이제 카운터의 값을 캡슐화했으므로 수신된 각 메시지에 따라 값을 증가시키는 액터를 추가하기만 하면 된다.

```
val actorCounter = actor<Void?>(context) {
    for (msg in channel) {
        counter++
    }
}
```

전송된 메시지를 실제로는 사용하지 않기 때문에, 단순히 액터의 유형을 Void?로 설정하면 호출자가 null을 보낼 수 있다. 이제 액터를 사용하도록 메인 함수를 변경할 수 있다.

```
fun main(args: Array<String>) = runBlocking {
    val workerA = asyncIncrement(2000)
    val workerB = asyncIncrement(100)

    workerA.await()
    workerB.await()
    print("counter [${getCounter()}]")
}
fun asyncIncrement(by: Int) = async(CommonPool) {
    for (i in 0 until by) {
        actorCounter.send(null)
    }
}
```

액터를 사용한 기능 확장

액터는 사용하면 채널이 전체 코루틴를 원자적으로 유지하면서 더 높은 유연성을 허용한다는 점이 가장 커다란 장점이다. 메시지를 사용해 액터의 기능을 확장할 수 있다.

액터를 사용해 카운터를 늘리거나 줄일 수 있도록 만들어보자. 먼저 두 가지 옵션을 갖는 열거형을 추가할 수 있다.

```
enum class Action {
    INCREASE,
    DECREASE
}
```

그런 다음 액터와 코루틴을 업데이트해 이런 액션을 연산에 매핑할 수 있다.

```
var actorCounter = actor<Action>(context) {
    for (msg in channel) {
        when(msg) {
            Action.INCREASE -> counter++
            Action.DECREASE -> counter--
        }
    }
}
```

이제부터는 단순히 원하는 액션으로 send를 호출할 수 있다. 완료를 위해 async Decrement()를 추가하자.

```kotlin
fun asyncDecrement(by: Int) = async {
    for (i in 0 until by) {
        actorCounter.send(Action.DECREASE)
    }
}
```

asyncIncrement()를 업데이트해 액션을 보내야^{send} 한다.

asyncIncrement()를 업데이트해 액션을 보내야send 한다.

```kotlin
fun asyncIncrement(by: Int) = async {
    for (i in 0 until by) {
        actorCounter.send(Action.INCREASE)
    }
}
```

이를 사용하도록 메인 함수를 수정한다.

```kotlin
fun main(args: Array<String>) = runBlocking {
    val workerA = asyncIncrement(2000)
    val workerB = asyncIncrement(100)
    val workerC = asyncDecrement(1000)

    workerA.await()
    workerB.await()
    workerC.await()
    print("counter [${getCounter()}]")
}
```

코드는 잘 동작한다.

```
Run:   chapter7.actor.ActorKt
    /Library/Java/JavaVirtualMachines/jdk1.8.0_171.jdk/Contents/Home/bin/java ...
    counter [1100]
    Process finished with exit code 0
```

238

구현에는 흥미로운 흐름이 있다. 메인 스레드는 CommonPool을 사용해 카운터를 동시에 증가 및 감소시키는 코루틴을 생성하며, 코루틴은 액션과 함께 메시지를 액터에 보내서 이를 수행한다. 액터는 특정 스레드에 한정된 코루틴이기 때문에 모든 수정은 원자적이 므로 값이 항상 정확하다는 것을 알 수 있다.

 예제에서는 같은 패키지의 클래스에서 액터를 호출했지만, 액터를 사용하면 통신하려는 액 터의 인스턴스가 있는 한, 여러 곳에서도 호출할 수 있다는 것이 커다란 장점이다.

액터 상호 작용에 대한 추가 정보

클라이언트 관점에서 액터는 단순히 송신 채널이다. 그러나 구현 관점에서 액터의 수행 방식을 고민해 볼 필요가 있다.

버퍼드 액터

액터는 다른 송신 채널과 동일하게 버퍼링될 수 있다. 기본적으로 모든 액터는 버퍼링되 지 않는다. 메시지가 수신될 때까지 발신자를 send()에서 일시 중단한다. 버퍼링된 액터 Buffered actors를 생성하려면 capacity 매개변수를 빌더에 전달해야 한다.

```
fun main(args: Array<String>) {
    val bufferedPrinter = actor<String>(capacity = 10) {
        for (msg in channel) {
            println(msg)
        }
    }

    bufferedPrinter.send("hello")
    bufferedPrinter.send("world")

    bufferedPrinter.close()
}
```

CoroutineContext를 갖는 액터

counter 예제를 해결한 것처럼 액터를 생성할 때 CoroutineContext를 전달할 수 있다. 액터의 일시 중단 람다는 주어진 컨텍스트에서 실행될 것이다. 예를 들어 스레드 풀에서 메시지를 처리하는 액터를 만들 수 있다.

```
val dispatcher = newFixedThreadPoolContext(3, "pool")
val actor = actor<String>(dispatcher) {
    for (msg in channel) {
        println("Running in ${Thread.currentThread().name}")
    }
}

for (i in 1..10) {
    actor.send("a")
}
```

일시 중단 람다는 다음과 같이 실행된다.

CoroutineStart

기본적으로 액터는 생성되는 즉시 시작된다. CoroutineStart를 전달해 필요에 따라 동작을 변경할 수 있다. 예를 들면 다음과 같다.

```
val actor = actor<String>(start = CoroutineStart.LAZY) {
    for (msg in channel) {
```

```
        println(msg)
    }
}
```

이 경우 액터는 메시지를 처음 받을 때 시작된다.

 DEFAULT, ATOMIC 및 UNDISPATCHED와 같은 CoroutineStart의 다른 값도 사용할 수 있다.

▌상호 배제

지금까지는 코드 블록의 모든 메모리 액세스가 단일 스레드에서 발생하도록 보장함으로써 원자성 위반을 회피했다. 두 개의 코드 블록이 동시에 실행되는 것을 피할 수 있는 또 다른 방법이 있다. 바로 상호 배제다.

상호 배제의 이해

동시에 실행되지 않도록 코드 블록을 동기화해 원자성 위반의 위험을 제거하는 방법을 찾고 있다. 상호 배제Mutual exclusions란 한 번에 하나의 코루틴만 코드 블록을 실행할 수 있도록 하는 동기화 메커니즘을 말한다.

코틀린 뮤텍스mutex의 가장 중요한 특징은 블록되지 않는다는 점이다. 실행 대기 중인 코루틴은 잠금을 획득하고 코드 블록을 실행할 수 있을 때까지 일시 중단된다. 코루틴은 일시 중단되지만 일시 중단 함수를 사용하지 않고 뮤텍스를 잠글 수 있다.

 자바에 익숙하다면 뮤텍스를 넌 블로킹 synchronized로 생각할 수 있다.

뮤텍스 생성

뮤텍스를 만들려면 Mutex 클래스의 인스턴스만 생성하면 된다.

```
var mutex = Mutex()
```

뮤텍스가 있으면 다음과 같이 잠금을 사용해 람다를 실행하는 일시 중단 확장 함수 withLock()을 사용할 수 있다.

```
fun asyncIncrement(by: Int) = async {
    for (i in 0 until by) {
        mutex.withLock {
            counter++
        }
    }
}
```

 여기서는 async()를 호출할 때 컨텍스트를 설정하지 않는데, 함수를 호출하는 스레드에 대해서는 관심이 없기 때문이다. 이와 상관없이 잘 작동할 것이다.

한 번에 하나의 코루틴만 잠금을 보유하고, 잠금을 시도하는 다른 코루틴을 일시 중단함으로써 카운터에 대한 모든 증분이 동기화 되도록 한다. 따라서 다음과 같이 몇 번을 호출하더라도 counter의 증분 중 어느 것도 유실되지 않는다.

```
Run:    chapter7.mutex.MutexKt
    /Library/Java/JavaVirtualMachines/jdk1.8.0_171.jdk/Contents/Home/bin/java ...
    counter [2100]
    Process finished with exit code 0
```

상호 배제와 상호 작용

대개 withLock()을 사용하는 것만으로도 충분하다. 잠금 및 잠금 해제에 대한 상세한 제어가 필요하면, 일시 중단 함수 lock() 및 일반 함수(일시 중단 함수가 아닌) unlock()을 사용할 수 있다.

```
val mutex = Mutex()

mutex.lock() // 잠금이 이미 설정된 경우 일시 중단된다.
print("I am now an atomic block")
mutex.unlock() // 이것은 중단되지 않는다.
```

실제로 withLock()의 구현과 상당히 비슷하다. 현재까지 구현된 것이다.

```
lock(owner)
try {
    return action()
} finally {
    unlock(owner)
}
```

isLocked 속성을 사용해 뮤텍스가 현재 잠겨 있는지 확인할 수 있다.

```
val mutex = Mutex()

mutex.lock()
mutex.isLocked // true
mutex.unlock()
```

뮤텍스를 잠글 수 있는지 여부를 나타내는 불리언^{Boolean}을 반환하는 tryLock()을 사용
하기도 한다.

```
val mutex = Mutex()

mutex.lock()
val lockedByMe = mutex.tryLock() // false
mutex.unlock()
```

tryLock()이 뮤텍스를 잠글 수 있으면 true를 반환하고 그렇지 않으면 false를 반환
한다.

```
val mutex = Mutex()

val lockedByMe = mutex.tryLock() // true
mutex.unlock()
```

 TIP tryLock()와 unlock()이 일시 중단 함수가 아닌 것을 감안할 때, 이 마지막 예제는 일시 중
단 함수에서 실행할 필요가 없다는 점에 유의하자.

▌ 휘발성 변수

휘발성 변수^{Volatile variables}는 구현하려는 스레드 안전^{thread-safe} 카운터와 같은 문제를 해결
하지 못한다. 그러나 휘발성 변수는 일부 시나리오에서 스레드 간에 정보를 공유해야
할 때 간단한 솔루션으로 사용될 수 있다.

스레드 캐시

JVM에서 각 스레드는 비휘발성 변수의 캐시된 사본을 가질 수 있다. 이 캐시는 항상 변수의 실제 값과 동기화되지는 않는다. 한 스레드에서 공유 상태를 변경하면 캐시가 업데이트될 때까지 다른 스레드에서는 볼 수 없다.

@Volatile

변수의 변경사항을 다른 스레드에 즉시 표시하기 위해 다음 예제에서 @Volatile 주석을 사용할 수 있다.

```
@Volatile
var shutdownRequested = false
```

이를 통해 다른 스레드에서 값이 변경되자마자 변경사항에 대한 가시성을 확보할 수 있다. 스레드 X가 shutdownRequested의 값을 수정하면 스레드 Y가 즉시 변경사항을 볼 수 있음을 의미한다.

 @Volatile은 Kotlin/JVM에서만 사용할 수 있다. 휘발성(volatility)을 보장하는 기능을 JVM의 기능을 사용하기 때문에, 다른 플랫폼에서는 사용할 수 없다.

@Volatile이 스레드 안전 카운터 문제를 해결하지 못하는 이유

휘발성 변수가 보장하는 것에 대한 일반적인 오해가 있다. 휘발성 변수가 언제 유용한지를 이해하려면 이전 예제에서 나온 스레드 안전 카운터로 돌아갈 필요가 있다. 이전에 설명한 내용 중에 원자성 위반은 두 개의 스레드가 변수 값을 간발의 차로 읽어서,

그 결과 일부 변경사항이 유실되기 때문이라고 했다. 그러나 두 스레드가 같은 값을 읽는 데에는 두 가지 이유가 있을 수 있다.

- 다른 스레드가 읽거나 수정하는 동안 스레드의 읽기가 발생할 때: 두 스레드는 모두 같은 데이터로 시작해 동일한 증분을 만든다. 둘 다 카운터를 X에서 Y로 변경하므로 한 증분씩 유실된다.
- 다른 스레드가 수정한 후 스레드의 읽기가 발생하지만, 스레드의 로컬 캐시가 업데이트되지 않았을 때: 스레드는 로컬 캐시가 제때 업데이트되지 않아서 다른 스레드가 Y로 설정한 후에도 카운터의 값을 X로 읽을 수 있다. 최종 결과는 비슷하다. 두 번째 스레드는 카운터의 값을 증가시키지만 오래된 값으로 시작했기 때문에 이미 변경한 내용을 덮어 쓴다.

 TIP 원인에 따라 조금 다를 수 있지만 두 가지 상황 모두 결과는 같다는 점에 유의하자. 동기화 부족으로 인해 데이터 변경 내용이 유실된다.

짐작할 수 있듯이 휘발성 변수는 상태를 읽을 때 항상 최신 값을 유지함으로써 두 번째 경우에 보호 기능을 제공한다. 그러나 두 스레드가 여전히 같은 값으로 수정되도록 하기 때문에 충분히 가까운 현재 값을 읽을 수 있다. 데이터 유실이 발생하기 때문에 첫 번째 경우는 보호 기능을 보장하지 않는다.

@Volatile을 사용하는 경우

휘발성 변수를 사용해서 더 나은 코드를 작성하는 데 도움이 되는 몇 가지 시나리오가 있다. 시나리오는 두 가지 전제를 기반으로 하며 둘 다 참이어야 한다. 둘 중 하나가 거짓이면 다른 솔루션으로 구현해야 한다.

- 변수 값의 변경은 현재 상태에 의존하지 않는다.
- 휘발성 변수는 다른 변수에 의존하지 않으며, 다른 변수도 휘발성 변수에 의존하지 않는다.

첫 번째 전제는 스레드 안전 카운터와 같은 시나리오를 배제하는 데 도움이 된다. 상태의 변화가 원자적이지 않아서 현재의 값에 따라 미래의 값이 안전하게 변경되지 않는다.

반면에 두 번째 전제는 휘발성 변수의 의존성 때문에 일관성 없는 상태가 생성되는 것을 피할 수 있도록 도와준다. 예는 두 번째 전제를 따르지 않기 때문에 안전하지 않다.

```
class Something {

    @Volatile
    private var type = 0
    private var title = ""
    fun setTitle(newTitle: String) {
        when(type) {
            0 -> title = newTitle
            else -> throw Exception("Invalid State")
        }
    }
}
```

title을 설정하려고 하면, type(휘발성)이 0과 다를 때 예외가 발생한다. 문제는 스레드가 when절에 들어갈 때 type이 0일 수 있지만 title을 바꾸려는 바로 그때 다른 스레드가 type을 다른 값으로 변경할 수 있다는 것이다. title이 설정됐지만 type이 0이 아닌, 일관성이 없는 상태가 발생한다.

반면에 앞에서 언급한 두 가지 전제를 따르면 휘발성 변수를 사용해 진행할 수 있다. 그것들을 사용하는 일반적인 예는 플래그를 포함하는 것이다. 다음 클래스를 살펴보자.

```
class DataProcessor {

    @Volatile
    private var shutdownRequested = false

    fun shutdown() {
        shutdownRequested = true
    }

    fun process() {
        while (!shutdownRequested) {
            // process away
        }
    }
}
```

예에서는 두 전제 모두 유효하다.

- shutdown()에서 작성된 shutdownRequested의 수정은 변수 자체의 현재 상태에 의존하지 않는다. 항상 true로 설정된다.
- 다른 변수는 shutdownRequested에 의존하지 않으며, 다른 변수에도 의존하지 않는다.

이 방법의 장점은 모든 스레드가 shutdown를 요청할 수 있으며 모든 스레드가 즉시 볼 수 있다는 것이다.

 모든 스레드에서 휘발성 변수(Volatile variable)의 변경에 대한 가시성을 즉시 확보할 수 있다는 표현을 저자는 "즉시 볼 수 있다"라고 표현했다. – 옮긴이

▌ 원자적 데이터 구조

코드의 원자 블록을 작성하는 방법을 다뤘지만, 원자성에 대해 언급해야 할 또 다른 주제가 있다. 바로 원자적 데이터 구조로서 기본적으로 원자적 연산을 제공하는 데이터 구조다.

 현재 이런 원자적 데이터 구조는 코틀린의 표준 라이브러리가 아니라 JVM에서 제공한다. 따라서 코드가 JS, Kotlin/Native 또는 멀티 플랫폼용인 경우 사용할 수 없다.

예컨대 원자적 정수를 사용하는 방법은 다음과 같다.

```
val counter = AtomicInteger()
counter.incrementAndGet()
```

incrementAndGet() 구현은 원자적이므로 스레드 안전 카운터를 쉽게 구현할 수 있다.

```
var counter = AtomicInteger()

fun asyncIncrement(by: Int) = async {
    for (i in 0 until by) {
        counter.incrementAndGet()
    }
}
```

원래 구현에서와 마찬가지로 메인 함수에서 호출할 수 있다.

```
fun main(args: Array<String>) = runBlocking {
    val workerA = asyncIncrement(2000)
    val workerB = asyncIncrement(100)

    workerA.await()
```

```
    workerB.await()

    print("counter [$counter]")
}
```

항상 정확하게 counter에 모든 증분을 수행한다.

 AtomicBoolean, AtomicLong 또는 AtomicIntegerArray와 같이 간단한 시나리오에 사용할 수 있는 다양한 원자적 클래스가 있다는 점에 유의하자. 이들 모두 카운터 예와 같이 사용될 수 있지만, 공유 상태가 복잡하면 확장이 잘 되지 않는 경향이 있다.

액터 인 액션

동기화 문제를 완전히 이해했으므로 실제로 구현해본다. 목표는 RSS 리더에 라벨을 추가해 주어진 검색 매개변수로 찾은 뉴스의 수량을 표시하는 것이다.

앱을 반응형으로 수정하고 여러 출처에서 가져온 결과(여러 코루틴에서 가져와서 파싱한 결과)를 표시하도록 수정했기 때문에 항상 뉴스 수량의 카운터가 정확하다는 것을 보장해야 한다.

UI에 라벨 추가

첫 번째 단계는 UI를 수정해 결과 수량을 표시할 TextView를 갖도록 수정하는 것이다. activity_search.xml로 이동해 searchButton 요소를 추가하자.

```
<Button android:id="@+id/searchButton" ... />

<TextView android:id="@+id/results"
```

```
    app:layout_constraintTop_toBottomOf="@id/searchText"
    android:layout_width="wrap_content"
    android:layout_height="wrap_content" />

<android.support.v7.widget.RecyclerView ... />
```

그런 다음 새로 만든 results 아래에 표시되도록 RecyclerView를 수정해야 한다.

```
<android.support.v7.widget.RecyclerView
    android:id="@+id/articles"
    android:scrollbars="vertical"
    android:layout_height="wrap_content"
    android:layout_width="match_parent"
    app:layout_constraintTop_toBottomOf="@id/results" />
```

카운터로 사용할 액터 구현

다음 단계는 검색으로 찾은 뉴스 수량을 표시하는 카운터를 캡슐화할 액터를 만드는 것이다. 액터는 여러 영역에서 액세스할 수 있으므로 싱글톤으로 작성한다.

co.starcarr.rssreader.search 패키지에 코틀린 파일 ResultsCounter.kt를 생성한 후 그 안에 몇 가지 속성을 갖는 싱글톤 ResultsCounter를 생성한다.

```
object ResultsCounter {
    private val context = newSingleThreadContext("counter")
    private var counter = 0
}
```

먼저 단일 스레드로 구성된 CoroutineContext인 context가 있다. 액터의 코루틴은 결국 해당 컨텍스트로 실행되므로 모든 증분을 한정해 원자성 위반을 피할 수 있다. 액터를 private 속성으로 추가한다.

```
private val actor = actor<Void?>(context) {
    for (msg in channel) {
        counter++
    }
}
```

이전 예제와 마찬가지로 이 구현은 처음에는 카운터를 증가시키는 코루틴이 될 것이다. 그러나 API의 클라이언트가 쉽게 증가시키기 위해 ResultsCounter에 메소드를 제공할 수 있도록 비공개로 만들었다. 기능을 지금 추가해보자.

```
suspend fun increment() = actor.send(null)
```

함수는 모든 코루틴에서 호출할 수 있으며 API를 깔끔하게 유지하고 세부 구현을 캡슐화한다. 차후에 뮤텍스로 변경하기로 결정하더라도 API를 중단하지 않아도 뮤텍스를 구현할 수 있다.

결과 로드 시 카운터 증가

적절한 때에 함수의 메소드를 호출하기만 하면 된다. co.starcarr.rssreader.search 패키지의 Searcher 클래스로 이동해 처리된 아티클을 보낸 직후에 호출을 추가하자.

```
...
val article = Article(feed.name, title, summary)
channel.send(article)

// 카운터를 갖는 싱글톤 증가
ResultsCounter.increment()
...
```

UI가 업데이트에 반응하도록 채널 추가

구현을 더 흥미롭게 만들기 위해 채널을 구독해서, UI가 카운터의 증가분을 리슨^{listen}해서 라벨을 업데이트할 수 있도록 한다. 먼저 ResultsCounter에 채널 속성을 추가해보자.

```
object ResultsCounter {
    private val context = newSingleThreadContext("counter")
    private var counter = 0
    private val notifications = Channel<Int>(Channel.CONFLATED)
     ...
}
```

 TIP 이 채널을 ReceiveChannel로 가져오도록 채널을 비공개로 만들어서, API의 클라이언트가 전송을 시도하지 못하도록 하고 있다. 일부 통지가 유실되더라도 상관하지 않기 때문에 채널을 CONFLATED로 만들고 있다. UI는 카운터의 가장 최근 값에만 관심이 있다.

채널의 타입은 Int형이라는 점에 유의하자. 이를 통해 매번 변경에 따른 새 값을 간단히 전송할 수 있다. UI에 채널을 노출하는 함수를 추가해보자.

```
fun getNotificationChannel() : ReceiveChannel<Int> = notifications
```

채널을 통해 업데이트된 값 보내기

ResultsCounter에서 누락된 부분은 실제로 채널을 사용해 업데이트된 값을 전송하는 부분이다. 액터를 수정해 다음과 같이 만들자.

```
private val actor = actor<Void?>(context) {
    for (msg in channel) {
        counter++
```

```
        notifications.send(counter)
    }
}
```

변경사항에 대한 UI 업데이트

UI를 채널에 연결하기만 하면 된다. SearchActivity 액티비티로 이동해 채널을 모니터
링하는 함수를 추가하고, 변경할 때 UI를 업데이트하도록 한다.

```
private suspend fun updateCounter() {
    val notifications = ResultsCounter.getNotificationChannel()
    val results = findViewById<TextView>(R.id.results)

    while (!notifications.isClosedForReceive) {
        val newAmount = notifications.receive()

        withContext(UI) {
            results.text = "Results: $newAmount"
        }
    }
}
```

코드는 단순히 싱글톤에서 채널을 가져오고 채널이 열려있는 한 루프로 들어간다. 새 기
사의 수량를 받으면 UI 스레드에서 새 값을 TextView로 설정하기만 하면 된다. 마지막으
로 onCreate()를 수정해서 다음과 같이 updateCounter()를 호출하도록 한다.

```
override fun onCreate(savedInstanceState: Bundle?) {
    ...
    launch {
        updateCounter()
    }
}
```

구현 테스트

앱을 실행하면 결과가 표시되는 것과 같은 속도로 카운터가 증가함을 볼 수 있다.

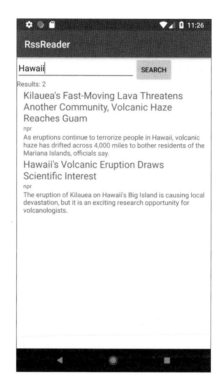

그러나 앱을 닫지 않고 여러 번 검색하면 오류가 발생한다. 카운터는 증가만 할 수 있으며 절대 0으로 재설정되지 않는다.

카운터 재설정을 위한 액터 확장

액터는 매우 유연하기 때문에 재설정 기능을 쉽게 추가할 수 있다. ResultsCounter로 돌아가서 수행할 액션에 대한 열거형를 만든다.

```
enum class Action {
    INCREASE,
```

```
    RESET
}
```

그런 다음 액터의 정의와 코루틴의 구현을 Action 채널을 사용하도록 수정한다.

```
private val actor = actor<Action>(context) {
    for (msg in channel) {
        when (msg) {
            Action.INCREASE -> counter++
            Action.RESET -> counter = 0
        }
        notifications.send(counter)
    }
}
```

이제 Action을 수신하고 있고, 그에 따라 카운터를 늘리거나 재설정하고 있다. 다음 단계는 increase()가 채널을 올바르게 사용하도록 공개 API를 수정하는 것이다.

```
suspend fun increment() = actor.send(Action.INCREASE)
```

카운터를 재설정할 수 있는 API도 필요하다. 이를 위한 함수를 생성한다.

```
suspend fun reset() = actor.send(Action.RESET)
```

새로운 검색 시 카운터 재설정하기

새로운 검색이 시작될 때마다 카운터를 재설정하기만 하면 된다. 검색을 시작하기 전에 Searcher 클래스에서 또는 UI의 버튼을 클릭할 때 작업을 수행할 수 있다. 카운터는 스레드로부터 안전하므로 이러한 옵션 중 어느 것이든 잘 작동될 것이다.

onCreate()에 이미 설정된 클릭 리스너의 일부로써, SearchActivity 안에 검색 버튼을 클릭할 때 카운터를 재설정한다.

```
findViewById<Button>(R.id.searchButton).setOnClickListener {
    viewAdapter.clear()
    launch {
        ResultsCounter.reset()
        search()
    }
}
```

추가 테스트를 통해 매번 검색 전에 카운터가 재설정되는 것을 확인할 수 있다.

▌ 요약

동시성 프로그래밍을 할 때 일반적인 함정에 빠지는 일을 방지하기 위해 코틀린을 어떻게 사용해야 하는지에 관한 몇 가지 중요한 주제를 배웠다. 여기서 배운 다양한 도구는 동시성 애플리케이션을 작성할 때 서로 다른 상황에서 유용하게 사용될 것이다. 액터가 코루틴과 채널을 결합한 것과 마찬가지로, 여기에서 다루는 여러 솔루션을 결합해 요구 사항을 충족하는 구현을 만들 수 있다.

7장의 시작 부분에서 언급했듯이 이러한 도구를 원자성 위반으로 제한해서는 안 되며, 다른 동시성 문제도 해결하는 데 도움을 줄 것이다.

7장의 내용과 중요한 주제들을 요약하면 다음과 같다.

- 공유 상태를 가지면 동시성 코드에서 문제가 될 수 있다. 스레드의 캐시와 메모리 액세스의 원자성으로 인해 다른 스레드에서 수행한 수정 사항이 유실될 수 있다. 상태의 일관성을 해치는 원인이 된다.

- 이러한 문제를 피하는 주요한 방법이 두 가지 있다. 하나의 스레드만 상태와 상호 작용하도록 보장해서 쓰기가 아닌 읽기 전용으로만 공유할 수 있게 하는 것과, 코드 블록을 원자적으로 만들기 위해서 잠금을 사용해 코드 블록을 실행하려는 모든 스레드의 동기화를 강제하는 것이다.

- CoroutineContext를 하나의 스레드로 된 디스패처와 함께 사용해 코루틴의 실행을 단일 스레드에서 실행되도록 강제한다. 이를 스레드 한정이라 한다.

- 액터는 송신 채널과 코루틴의 쌍이다. 액터를 단일 스레드로 한정해 메시지를 기반으로 하는, 보다 강력한 동기화 메커니즘을 구축할 수 있다. 원하는 스레드에서 메시지를 보내 변경을 요청할 수 있지만, 변경은 특정 스레드에서 실행될 것이다.

- 액터는 특히 코루틴의 스레드 제한과 쌍을 이뤄 이용하면 좋다. 예를 들어 액터가 스레드 풀에서 실행하도록 액터가 사용할 CoroutineContext를 지정할 수 있다.

- 액터는 코루틴이기 때문에 여러 방식으로 시작할 수 있다. 가령 지연되도록 시작된 액터를 가질 수 있다.

- 잠금을 사용해 코루틴을 동기화하기 위해 뮤텍스를 사용할 수 있다. 이렇게 하면 코루틴이 동기화된 작업을 수행할 수 있도록 기다리는 동안 코루틴을 일시 중단할 수 있다.

- JVM은 스레드의 캐시에 저장되지 않는 변수인 휘발성 변수를 제공한다. 스레드 간에 공유되는 변수가 두 가지 특성이 있다면 기본 동시성 문제를 해결하는 데 도움이 될 수 있다. 즉 수정될 때 새 값은 이전 값에 의존하지 않으며 휘발성 변수의 상태는 다른 속성에 의존하지 않거나 영향을 미치지 않는 경우다.

- 원자적 변수들이 있는데, 이 변수들은 변수의 값을 증가시키고 감소시키는 것과 같은 일반적인 작업에 원자적 구현을 제공하는 객체다. 현재는 JVM에서만 사용 가능하다.

- 원자적 변수는 단순한 경우에 유용하지만 공유되는 상태가 하나 이상의 여러 변수인 경우 확장하기가 어려울 것이다.
- 액터의 실제 구현을 위해 실제 시나리오를 활용했다. 액터를 사용해 검색 중에 발견된 뉴스에 대한 카운터를 작성했고, 채널을 리슨해서 UI를 통해 카운터의 변경에 반응할 수 있도록 구현을 확장했다.
- 우리는 중요한 원칙인 정보 은닉을 실천에 옮겼다. 카운터의 구현을 숨겨서 향후에 뮤텍스, 원자적 변수, 또는 액터 없는 스레드 제한을 사용하도록 그것을 바꿀 수 있다.

8장에서는 동시성 구현을 검증하고 코드에 대한 마음의 평안를 줄 수 있는 테스트를 작성하는 방법 살펴볼 것이다. 동시성 코드를 테스트할 때 모범 사례와 코루틴을 디버깅하는 방법을 알아본다.

동시성 코드 테스트와 디버깅

동시성의 가장 어려운 부분 중 하나는 개발 과정의 후반부에 버그들이 발견된다는 것이다. 잘못될 수 있는 모든 것이 실제로도 잘못 되는 머피의 법칙이 현실이 될 때, 동시성 오류가 운영환경에서 처음으로 발견되기도 한다.

동시성과 관련된 많은 버그들이 실제로 발생할 가능성이 없다고 생각했거나 혹은 그 확률이 너무 낮아서 개발자나 코드 검토자가 염두에 두지 않았던 에지 케이스edge cases1에서 발생하기 때문이다.

---

1 알고리즘이 처리하는 데이터의 값이 알고리즘의 특성에 따른 일정한 범위를 넘을 경우에 발생하는 문제 – 옮긴이

처리할 준비가 되지 않은 시나리오를 식별하는 데 도움이 될 수 있는 테스트를 작성하는 방법에 대한 몇 가지 조언을 소개한다. 더불어 로그를 성공적으로 작성하고 코루틴을 디버그하는 방법에 대한 대한 정보들을 전하려 한다.

코루틴과 직접 관련이 없는 일반적인 조언들도 있는데 적절한 테스트를 작성하고 디버깅하는 방법을 이해해 둬야 한다. 안정적인 애플리케이션을 개발하는 데 도움이 될것이다. 적절한 테스트에 대한 조언은 늘 의미가 있다.

8장에서는 다음 내용을 다룬다.

- 동시성 코드를 위한 테스트 작성
- 에지 케이스 찾기
- 코루틴을 위한 디버깅 설정 활성화
- 코루틴 디버깅을 위한 로그와 브레이크 포인트 사용
- 테스트와 디버깅에 대한 일반적인 조언

▎동시성 코드 테스트

테스트를 할 때 단순히 테스트를 하는 것이 아니라 정확하게 해야 한다는 점이 매우 중요하다. 구체적으로 동시성을 생각할 때 필자가 올바른 테스트의 기초라고 생각하는 두 가지 원칙이 있다. 원칙들을 논의하기 위해서 기본 예제로 돌아가 보자.

사용자의 식별자를 사용해 해당 사용자에 대해 정의한 정보 세트를 검색 및 구성하고 반환해야 하는 간단한 애플리케이션을 생각해보자. 이제 정보의 일부는 애플리케이션의 데이터베이스를 통해서 쉽게 사용할 수 있을 것이다. 그외 다른 정보는 애플리케이션 인스턴스 사이에 공유된 캐시에서 가져와야 할 수 있다. 마지막으로 몇 가지 특정 정보는 REST API를 통해서 노출된 다른 애플리케이션에서 가져올 것이다. 다음은 기능에 대한 일반적인 동작을 자세히 설명하는 간단한 이미지다.

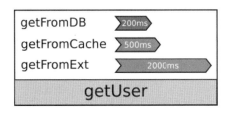

다이어그램은 getUser가 동시에 세 군데에서 정보를 가져오는 데 걸리는 평균 시간을 나타낸다.

가정을 버려라

앞의 다이어그램에서 중요하게 볼 부분은 각 데이터 소스의 평균 응답 시간이다. 이미 예상한 대로 데이터베이스를 사용하는 것이 가장 빠르고 캐시가 바로 다음이다. 외부 시스템으로부터 정보를 가져오는 것이 가장 느리다.

많은 사람들에게 이러한 유형의 통계는 문제가 될 수 있다. 즉 통계 정보를 기반으로 시스템이 어떻게 돌아갈지 가정한 경우에 문제가 생긴다. 대다수의 사람들이 위의 예제에서 동시성 솔루션을 작성해야 할 때, 두 가지를 전제해 애플리케이션을 만든다. 캐시가 응답하는 시점까지 DB로부터 오는 정보는 항상 준비가 될 것이며, 외부 애플리케이션이 필요한 정보를 제공할 때 두 가지(DB와 캐시 정보) 모두 준비될 것이라는 전제다.

애플리케이션은 이러한 가정을 중심으로 작성될 뿐만 아니라 결코 도전적으로 테스트하지 않을 것이다. 그리고 인프라가 변경돼 DB가 외부 애플리케이션보다 더 오래 걸릴 때 애플리케이션은 작동을 멈추거나 예상치 않게 작동할 것이다.

이런 측면에서 '가정을 버려야 한다'는 것이 첫 번째이자 가장 중요한 원칙인 이유다. 만약 애플리케이션을 코딩할 때 DB가 외부 시스템보다 더 오래 걸리는 것은 불가능하다는 말에 현혹돼 이점을 고려하지 않았다면 적어도 테스트를 작성할 때만큼은 고려해야 한다. 시간이 더 걸리는 경우(필자가 장담컨대, 이 일은 실제로 일어난다) 엄청난 오류가 발생하지 않도록 하기 위해 어떤 가정에도 도전할 수 있는 테스트를 해야 한다.

나무가 아닌 숲에 집중하라

두 번째 원칙은 나무가 아닌 숲에 집중하는 것인데, 아마도 매우 기본적이지만 쉽게 간과될 수 있는 부분이다. 필자는 훌륭한 개발자라면 다음 각 시나리오를 다루는 데 필요한 단위 테스트를 작성할 것이라고 확신한다.

- DB로부터 성공적인 정보 조회
- 캐시로부터 성공적인 정보 조회
- 외부 애플리케이션으로부터 성공적인 정보 조회
- 데이터베이스에서의 불완전하거나 누락된 정보
- 캐시에서의 불완전하거나 누락된 정보
- 외부 애플리케이션 상에서의 불완전하거나 누락된 정보

이런 테스트는 애플리케이션의 기본 단위를 검증하기에는 좋다. 하지만 동시성 테스트에서는 숲이 아닌 나무를 보는 것밖에 되지 않는다. 실제로 DB가 외부 애플리케이션보다 더 오래 걸리고 불완전하며 누락된 정보가 있을 때 무슨 일이 발생하는지 테스트해야 하며, 그것들 중 딱 하나에서만 정보를 가져온다면 무슨 일이 생기는지도 테스트해야 한다. 예상되는 회복력은 어느 정도인가? 애플리케이션은 검색한 것을 반환 또는 오류를 던져야 하거나 혹은 둘 다 수행해야 하는가? 이러한 질문들은 하나 이상의 동시성 작업이 예상에서 벗어난 경우 준비된 작업을 하는 것을 보장하도록 작성된 애플리케이션에 초점을 맞춰야 하기 때문에 매우 중요하다.

기능 테스트 작성

일반적으로 이러한 유형의 테스트를 기능 테스트Functional Tests라고 한다. 이것은 함수와 같이 작은 코드 단위를 테스트하지 않고 기능의 전체 동작을 테스트한다는 점에서 단위 테스트Unit Tests와는 다르다. 기능 테스트는 기능을 전체적으로 실행해 애플리케이션이 비동기적으로 작업을 수행하는 데 따르는 복잡성을 잘 표현하는 테스트를 작성할 수

있다. 그래서 기능 테스트는 동시성 코드에 꼭 필요하다. 기능 테스트를 하지 않은 동시성 애플리케이션은 취약해지며, 코드 변경에 따라 레이스 컨디션, 원자성 위반atomicity violations, 데드락deadlock등의 혼란을 유발할 수 있다.

테스트에 대한 추가 조언

8장은 특히 중요하다. 필자의 경험에 의하면 애플리케이션의 안정성을 보장하기 위한 유일한 방법은 정확한 테스트를 하는 것이다. 다음은 동시성과 직접 연관이 있는 필수 사항은 아니지만, 꼭 명심해야 하는 중요한 조언들이다.

- 버그 수정은 시나리오를 커버하는 테스트와 함께 수반돼야 한다. 오류가 반복적으로 발생하는 것을 통제할 수 있는 유일한 방법이다. 방금 만든 수정사항에 대한 테스트를 추가하지 않으면 결국 버그가 발생했던 코드로 다시 돌아간다.
- 동시성 버그가 애플리케이션의 다른 부분에 어떠한 방법으로 영향을 줄 것인지 항상 생각해야 한다. 버그는 특정 기능에 대해서만 가끔 보고되지만, 유사한 방식으로 많은 기능들이 구현되기 때문에 같은 버그가 다른 곳에도 존재할 수 있다. 다른 곳에서 버그가 발생할 수 있다는 일말의 의심이 든다면 버그가 존재하는지 검증하기 위한 테스트를 추가하고, 그렇지 않다면 앞으로 발생할 일을 방지하기 위한 테스트를 추가한다.
- 동시성 작업을 위해 모든 값을 차례로 하는 테스트를 하지 말아야 한다. 테스트의 목적은 모든 시나리오를 다루려 것이 아니며, 문제를 야기할 수 있는 값을 추가하면서 가정에 도전하는 시나리오를 찾는 것이다.
- 구현을 하기 전에 복원력resiliency에 대해서 이야기하고, 항상 복원력을 위한 테스트를 해야 한다. 필자는 부분적인 정보만 이용할 수 있는 시나리오에서 예상되는 동작이 무엇이어야 하는지 의문을 갖는 사람이 아무도 없는 프로젝트를 많이 봤다. 사후에 예외 처리를 하는 일은 누구도 원치 않으므로 사전에 미리 고려해야 한다.

- 에지 케이스를 찾기 위해서 커버리지 보고서^{coverage report}에서 분기 분석^{branch analysis}을 사용한다. 동시성 코드를 테스트할 때 항상 유용하지는 않지만 시도할 가치가 있다. 분기 분석 보고서는 테스트가 항상 같은 시나리오를 수행하는지를 알려준다(예: 모든 테스트에 대해서 동일한 경로가 실행되는 경우).
- 단위 테스트와 기능 테스트를 작성하는 시점에 대해 알아야 한다. 기능 테스트는 종종 더 많은 노력이 필요해서 실제로 가치가 있을 때 수행해야 한다.
- 인터페이스를 사용해 종속성을 연결한다. 기능 테스트를 위한 복잡한 시나리오를 되풀이하기 위한 모의^{mock} 작업이 쉬워진다.

테스트 작성

동시성 애플리케이션에 대한 기능 테스트를 어떻게 작성할지에 대한 예로, 단순하지만 결함이 있는 애플리케이션을 작성해본다. 실제로 이러한 테스트를 작성하는 데 상당한 작업이 필요하지만 원칙은 반드시 지켜야 한다.

결함이 있는 UserManager 작성하기

코드의 의존성을 정의하기 위해 인터페이스를 사용하는 것은 테스트하는 동안 목^{mocks}을 제공할 수 있게 해줄 것이다. 동시에 사용할 메소드를 포함하는 기본 DataSource 인터페이스를 정의해보자.

```
interface DataSource {
    fun getNameAsync(id: Int): Deferred<String>
    fun getAgeAsync(id: Int): Deferred<Int>
    fun getProfessionAsync(id: Int): Deferred<String>
}
```

테스트할 함수의 반환 유형이 될 데이터 클래스를 정의해보자. 간단한 클래스면 충분하다.

```
data class User(
    val name: String,
    val age: Int,
    val profession: String
)
```

테스트를 위한 기능을 갖는 UserManager를 추가한다. 클래스는 모든 다양한 정보 조각을 갖고 오기 위해 datasource를 호출하는 메소드를 포함하며, 이를 컴파일해 User를 반환한다.

```
class UserManager(private val datasource: Datasource) {
    suspend fun getUser(id: Int): User {
        val name = datasource.getNameAsync(id)
        val age = datasource.getAgeAsync(id)
        val profession = datasource.getProfessionAsync(id)
        // profession을 받기 위해 대기, 더 오래 걸리기 때문
        profession.await()
        return User(
            name.getCompleted(),
            age.getCompleted(),
            profession.getCompleted()
        )
    }
}
```

첫 번째 구현에서 profession을 가져오는 동안에만 일시 중단하기로 결정했다. profession이 외부 시스템에서 가져오기 때문에 항상 더 오래 걸린다고 알고 있기 때문이다. 이제 동작을 검증하기 위해 몇 가지 테스트를 추가한다.

테스트 주도 개발(TDD: Test-Driven Development)을 따른다면, 코드를 작성하기 전에 테스트를 작성하지만, 여기에서는 코드를 먼저 작성하는 편이 이해하기에 더 쉽기 때문에 이 순서대로 진행했다.

kotlin-test 라이브러리 추가

첫 번째 단계는 프로젝트에 필요한 의존성을 추가하는 것이다. kotlin-test 라이브러리는 테스트와 어써션[assertions2]을 위한 어노테이션[annotation]과 기본 구현을 제공한다. build.gradle 파일에 굵게 표시된 줄을 추가한다.

번역 시점에 testCompile은 testImplementation으로 바뀌었다.

```
dependencies {
    compile "org.jetbrains.kotlin:kotlin-stdlib-jdk8:$kotlin_version"
    compile "org.jetbrains.kotlinx:kotlinx-coroutines-
    core:$coroutines_version"

    // Test libraries
    testImplementation "org.jetbrains.kotlin:kotlin-test"
    testImplementation "org.jetbrains.kotlin:kotlin-test-junit"
}
```

---

2 테스트할 때 주로 참인지 여부를 판단하기 위한 기능 – 옮긴이

변경사항이 적용되면 기능 테스트 작성을 시작할 수 있다.

 이 책에 서드 파티 라이브러리를 포함시키고 싶지 않았기 때문에 꼭 필요하지 않다면, 코틀린을 위한 표준 테스트 라이브러리를 사용한다. 그러나 여러분의 프로젝트에 더 어울리는 기능을 포함하는 코틀린 테스트 프레임워크가 있을 수 있다는 점은 알아두면 좋다.

해피 패스 테스트 추가

해피 패스Happy path란 예외 또는 오류의 발생 없이 정상적으로 수행되는 기본 시나리오를 말한다(옮긴이).

기능 테스트를 포함할 클래스를 추가한다. 테스트 모듈의 chapter8 패키지 안에 SampleAppFT라는 클래스를 추가한다.

파일 안에 두 개의 빈 테스트를 가지는 클래스를 만든다. 조금씩 구현해 나갈 것이다.

```
class SampleAppFT {

    @Test
    fun testHappyPath() = runBlocking {
        // TODO: Happy path 테스트 구현
    }

    @Test
```

```
    fun testOppositeOrder() = runBlocking {
        // TODO: 예상이 어려운 검색 순서에 대한 테스트 구현
    }
}
```

SampleAppFT 클래스 다음으로 정보를 조회할 때 예상되는 동작을 하는 모의 DataSource 구현을 생성한다. 데이터베이스로부터 데이터를 얻는 편이 캐시보다 빠르며, 여전히 외부 애플리케이션보다도 빠를 것이다.

```
// 데이터를 예상 순서대로 검색하는 모의 데이터 소스
class MockDataSource: DataSource {
    // Mock getting the name from the database
    override fun getNameAsync(id: Int) = async {
        delay(200)
        "Susan Calvin"
    }

    // 캐시에서 age를 가져오는 모의 기능
    override fun getAgeAsync(id: Int) = async {
        delay(500)
        Calendar.getInstance().get(Calendar.YEAR) - 1982
    }

    // 외부 시스템에서 profession을 가져오는 모의 기능
    override fun getProfessionAsync(id: Int) = async {
        delay(2000)
        "Robopsychologist"
    }
}
```

모의 DataSource를 갖고 해피 패스 테스트를 완료할 수 있다.

```
@Test
fun testHappyPath() = runBlocking {
    val manager = UserManager(MockDataSource())
```

```
    val user = manager.getUser(10)
    assertTrue { user.name == "Susan Calvin" }
    assertTrue { user.age == Calendar.getInstance().get(Calendar.YEAR) -
    1982 }
    assertTrue { user.profession == "Robopsychologist" }
}
```

 TIP assertTrue()는 kotlin.test 패키지에 존재한다.

테스트를 실행(함수 이름 위에 마우스 오른쪽 버튼을 눌러 나오는 메뉴 중 'testHappyPath() Run
을 선택')한다. 예상되는 타이밍에서 UserManager가 잘 작동하는지 어써트^assert를 할 수
있다.

에지 케이스를 위한 테스트

기존 가정을 무시하고 DB보다 빠른 외부 애플리케이션으로부터 정보를 가져오는 가상
DataSource를 작성할 시점이다. 같은 SampleAppFT 파일 안에 다른 데이터 소스 구현을 추
가한다. 적절한 이름이 없으면 MockSlowDbDataSource라는 이름으로 추가한다.

```
// 다른 순서로 데이터를 검색하는 모의 데이터 소스
class MockSlowDbDataSource: DataSource {
    // Mock getting the name from the database
    override fun getNameAsync(id: Int) = GlobalScope.async {
```

```
        delay(1000)
        "Susan Calvin"
    }
    // 캐시에서 age를 가져오는 모의 기능
    override fun getAgeAsync(id: Int) = GlobalScope.async {
        delay(500)
        Calendar.getInstance().get(Calendar.YEAR) - 1982
    }
    // 외부 시스템에서 profession을 가져오는 모의 기능
    override fun getProfessionAsync(id: Int) = GlobalScope.async {
        delay(200)
        "Robopsychologist"
    }
}
```

이것을 사용해서 두 번째 테스트를 완료할 것이다.

```
@Test
fun testOppositeOrder() = runBlocking {
    val manager = UserManager(MockSlowDbDataSource())

    val user = manager.getUser(10)
    assertTrue { user.name == "Susan Calvin" }
    assertTrue { user.age == Calendar.getInstance().get(Calendar.YEAR) -
1982 }
    assertTrue { user.profession == "Robopsychologist" }
}
```

테스트를 실행하면 애플리케이션 동작이 중단된다.

문제점 식별

예외 스택을 살펴보면, User를 생성하려고 할 때 오류가 발생한 것으로 나타난다. 문제의 라인은 다음과 같다.

```
return User(
    name.getCompleted(),
    age.getCompleted(),
    profession.getCompleted()
)
```

getCompleted()에 대한 설명을 보면 알 수 있는데 잡이 끝나지 않았기 때문에 Illegal StateException이 발생함을 알 수 있다. 이것은 예외 스택만으로도 알 수 있다. name의 준비 상태와는 상관없이 profession이 준비되자마자 getCompleted()이 실행돼 예외가 발생하는 것이다.

중단 해결

확실한 해결책은 값들이 준비됐다고 가정하는 것이 아니라 항상 값이 준비되게끔 기다리게 하는 것이다. 간단하게 getCompleted()를 사용하지 않고 모든 작업이 끝나길 기다리는 await()을 사용하도록 바꿔야 한다.

```
suspend fun getUser(id: Int): User {
    val name = datasource.getNameAsync(id)
    val age = datasource.getAgeAsync(id)
    val profession = datasource.getProfessionAsync(id)

    // 각각 대기, 준비됐다고 가정하지 않는다.
    return User(
        name.await(),
        age.await(),
```

```
        profession.await()
    )
}
```

테스트 재시도

문제를 수정했으므로 제대로 작동하는지 테스트와 검증을 모두 실행해봐야 한다. 테스트 클래스를 마우스 오른쪽 버튼을 클릭해 SampleAppFT을 선택한다.

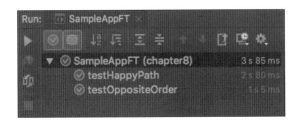

▌ 디버깅

종종 코루틴 내부에서 발생하는 디버깅 오류를 발견하게 된다. 버그를 재현하는 단계일 때조차도 코드를 따라가서 무슨 일이 발생하는지를 이해하려면 힘든 디버깅 작업이 필요하다. 이 절에서는 동시성 코드 디버그를 위한 모범 사례를 다룰 텐데 언젠가는 분명히 도움이 될 것이다.

로그에서 코루틴 식별

수백, 수천 개의 코루틴을 생성할 수 있으며, 코루틴들은 자신의 생명 주기 동안 하나 이상의 스레드에서 실행될 수 있다. 일부 코루틴은 오랫동안 지속되는 반면, 일부는 임시로 수행되는 작업과 연관될 수도 있기 때문에 수명이 짧은 것도 있다. 따라서 디버깅 중에는 그것들을 식별할 필요가 있다. 여기 간단한 애플리케이션을 보자.

```kotlin
val pool = newFixedThreadPoolContext(3, "myPool")
val ctx = newSingleThreadContext("ctx")

val tasks = mutableListOf<Deferred<Unit>>()
for (i in 0..5) {
    val task = async(pool) {
        println("Processing $i in ${threadName()}")

        withContext(ctx) {
            println("Step two of $i happening in thread ${threadName()}")
        }

        println("Finishing $i in ${threadName()}")
    }

    tasks.add(task)
}

for (task in tasks) {
    task.await()
}
```

threadName()의 구현은 다음과 같다.

```kotlin
private fun threadName() = Thread.currentThread().name
```

샘플 애플리케이션에는 세 개의 스레드 풀과 단일 스레드 컨텍스트인 ctx를 갖고 있다. 여기서는 다섯 개의 코루틴이 생성되는데 각각은, 처음에는 pool의 스레드 중 하나에 배치되지만 곧 ctx의 단일 스레드로 이동한 후 pool의 스레드로 다시 이동한다. 컨텍스트 스위치마다 현재 스레드의 이름과 함께 i를 출력한다.

```
Run:   chapter8.DebuggingKt
    Processing 0 in myPool-1
    Processing 2 in myPool-3
    Processing 1 in myPool-2
    Processing 3 in myPool-3
    Processing 5 in myPool-2
    Processing 4 in myPool-1
    Step two of 1 happening in thread ctx
    Finishing 1 in myPool-3
    Step two of 2 happening in thread ctx
    Step two of 0 happening in thread ctx
    Finishing 2 in myPool-2
```

i를 출력한다는 사실 덕분에 동작을 이해할 수 있고, 루프 안의 어떤 로그 엔트리가 루프 안의 어떤 특정 요소와 일치하는지 알 수 있다. 여기서 개선이 필요한 몇 가지 사항이 있다.

- 코루틴이 일정 개수 이상이면 전달받은 파라미터를 사용해서 각 코루틴을 추적하는 것은 번거로울 것이다.
- 코루틴이 고유한 식별자로 사용할 수 있는 것이 없다면 특정 요소와 관련된 엔트리를 정확하게 식별할 수 없다.

자동 이름 지정 사용

현재는 수명이 짧고 루프 안에서 생성된 코루틴 그룹을 갖고 있어서 구체적인 이름을 붙이지 않는다. 이런 경우에는 코틀린이 각각의 코루틴에 자동 식별자를 할당하도록 할 수 있다.

그렇게 하려면 애플리케이션을 실행하기 위해 사용하는 구성을 간단히 변경할 필요가 있다. -Dkotlinx.coroutines.debug VM 플래그를 전달해, 코틀린이 현재 스레드의 이름을 요청할 때 생성되는 모든 코루틴에 고유 식별자를 부여할 것이다. 플래그를 추가하기 위해서 Run/Debug Configuration 드롭다운을 클릭한 후 다음과 같이 Edit Configurations를 선택한다.

276

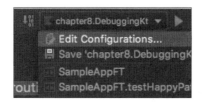

작업이 끝나면 VM **옵션 항목**에 플래그를 추가할 수 있다.

 개발 과정 및 테스트 실행(파이프라인의 일부로 갖고 있는 자동화된 테스트 실행을 포함) 중에 이 플래그를 유지하는 것이 좋다. 지속된 통합(continuous integration) 워크플로우를 사용한다면 테스트가 플래그 활성화된 상태로 실행되는 것을 확인할 필요가 있다. 재현하기 쉽지 않은 오류에 대한 의미 있는 로그를 가질 수 있다.

앞에서 언급한 내용처럼 이 플래그를 추가하면 Thread.currentThread().name의 값에 영향을 준다. 코루틴 내부에서 속성을 얻는 시점에 고유 ID가 포함된다. 현재 코드는 이미 해당 속성에 의존적이어서 어떤 코드도 바꿀 필요가 없다. 실행하면 쉽게 분석할 수 있는 로그가 출력된다.

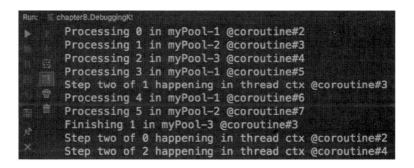

이제 현재 스레드의 이름을 계속 출력하면 특정 코루틴과 관련된 모든 엔트리를 찾도록 로그를 그랩grep할 수 있다.

 스레드의 이름을 항상 출력하는 로거(logger)를 만들거나 사용할 수 있다. 단지 플래그 설정만 확인하면 자동으로 로그에 있는 코루틴의 식별자를 얻을 수 있다.

특정 이름 설정

가령 VM 플래그가 전달될 때 액터actor나 프로듀서producer와 같이 오래 지속되는 코루틴을 가지면 특정한 이름을 지정해야 하는 경우가 많다.

원하는 이름을 지정하기 위해 코루틴 빌더에 파라미터를 전달할 수 있는데, 이렇게 하면 로그에서 해당 코루틴에 대한 항목을 쉽게 찾을 수 있다. 간단히 구현해보자.

```
val pool = newFixedThreadPoolContext(3, "myPool")
val ctx = newSingleThreadContext("ctx")

withContext(pool + CoroutineName("main")) {
    println("Running in ${threadName()}")

    withContext(ctx + CoroutineName("inner")) {
        println("Switching to ${threadName()}")
    }
}
```

예제에서는 코루틴에 특정 이름을 부여하기 위해 CoroutineName을 사용한다. Coroutine Name은 컨텍스트 요소이므로 더하기 연산자를 사용해 설정할 수 있다. 코드를 실행하면 Thread.currentThread().name이 스레드 풀의 이름, 풀에 있는 스레드의 수(단일 스레드 컨텍스트가 아닌 경우), 코루틴의 숫자 식별자를 포함한다.

```
Run:    chapter8.DebuggingKt ×
        /Library/Java/JavaVirtualMachines/jc
        Running in myPool-1 @main#1
        Switching to ctx @inner#1

        Process finished with exit code 0
```

💡 **TIP** ID가 출력되기 위해서는 –Dkotlinx.coroutines.debug VM 플래그도 설정돼야 한다는 것을 기억하자. 액터와 프로듀서같이 오래 지속되는 코루틴이라면 항상 코루틴 이름을 설정하는 것이 좋다.

디버거에서 코루틴 식별

IntelliJ IDEA 또는 Android Studio에서 디버거를 사용할 때 -Dkotlinx.coroutines. debug 플래그도 활용할 수 있다. 앱의 일반적인 디버깅을 용이하게 할 수 있으며, 주어진 코루틴에만 발생할 브레이크 포인트를 설정하는 데 사용할 수 있다. 다음 코드로 작업해보자.

```
val pool = newFixedThreadPoolContext(3, "myPool")
val ctx = newSingleThreadContext("ctx")

for (i in 0..5) {
    async(pool + CoroutineName("main")) {
        val year = Calendar.getInstance().get(Calendar.YEAR)

        withContext(ctx + CoroutineName("inner")) {
            println(year)
        }
    }.await()
}
```

디버거 감시 추가

디버그 플래그는 스레드의 이름 값에 영향을 주기 때문에 IDE에서 감시^{watch}를 추가할
수 있다. 그렇게 하려면 Debug Tool 창의 [Variables] 부분에 New Watch 버튼을 누른다.
실행이 코루틴 내부의 브레이크 포인트에서 멈췄고, 거기에서 스레드의 이름을 감시한
다면 현재 어느 코루틴이 실행되고 있는지를 찾을 수 있다.

예제는 감시 변수^{watch variable}로 설정한 Thread.currentThread().name과 연도를 출력하
는 브레이크 포인트를 사용한다. 필자의 경우 두 번째 코루틴 내부에서 멈춘 것을 알
수 있다.

조건부 브레이크 포인트

마찬가지로 지정된 코루틴에만 영향을 미치는 브레이크 포인트 구성을 위해 Thread.
currentThread().name의 값을 사용할 수 있다. 두 가지 시나리오에서 특히 유용하다. 루
프에서 생성되는 코루틴 그룹을 갖고 있지만 하나의 코루틴에만 관심이 있는 경우, 애
플리케이션의 어떤 부분에서도 호출될 수 있는 코드에 브레이크 포인트를 설정하지만
특정 코루틴에 관심이 있는 경우다.

브레이크 포인트 표시점에서 마우스 오른쪽 버튼을 클릭하고 스레드 이름을 기반으로
조건을 설정하는 것으로 쉽게 수행할 수 있다.

연도를 얻는 라인에서 Thread.currentThread().name.contains("main#2")를 조건으로 설정했다. 따라서 브레이크 포인트는 @main#2 코루틴에서만 적용될 것이다.

 스레드의 이름에 대한 감시(watch) 설정을 익히고 디버깅 시에 이를 계속 주시해야 한다. 코루틴이 여러 개라면 현재 디버깅 중인 특정 코루틴에 집중한다. 마찬가지로 분석할 때 범위를 줄이기 위해서 조건부 브레이크 포인트를 설정하는 것을 고려한다.

▌ 복원력과 안정성

이미 테스트에 대한 추가 조언More Advice on Tests에서 중요 항목으로써 설명했는데 작은 부분이기는 하나 따로 공간을 마련해 설명해야 할 만큼 중요한 내용이다.

작성 중인 애플리케이션의 특성에 따라 설령 예상했다고 하더라도, 특정 조건을 충족하지 않는다면 애플리케이션이 중단되는 것을 막을 수 없다. 모바일 앱 같은 경우에는 어떤 때라도 예외를 잘 처리하고 애플리케이션이 추가적인 부작용 없이 잘 복구될 것으로 기대한다.

복원력Resiliency은 프로젝트 시작 초기에 고려해야 한다. 코루틴의 예외 처리를 쉽게 설정할 수 있으며 디퍼드Deferred나 잡Job이 예외로 종료됐는지 검증하는 데 많은 작업이 필요하지 않지만, 기능이 완료된 후 예외 처리를 추가하려고 하면 코드의 많은 부분을 수정해야 하거나 심지어는 전체를 다시 작성해야 할 수도 있다. 복원력을 설계에서 고려해야 할 이유다. 사전에 계획하고 예상되는 동작을 충족시키는 방식으로 코드를 구성해야 한다.

이미 애플리케이션을 상당한 수준에서 다시 작성해야 하는 상황이라면 다음과 같은 방법을 추천한다. 애플리케이션을 변경하기 전에 현재 예상했던 대로 작동하는지, 그에 대한 가치 있는 테스트가 있는지 확인한다. 그 부분이 안전망safety net이다. 이를 통해 일정 정도의 기능이 변경 과정에서 유지되는 것을 보장할 수 있다.

▌ 요약

8장에서는 코틀린으로 작성된 동시성 애플리케이션을 보다 쉽게 작성하고 유지관리할 수 있는 유용한 사례를 제공하려는 아이디어를 중심으로 설명했다. 내용을 상기하기 위해 지금까지 이 책에서 논의된 주제와 함께 널리 사용되는 관행을 정리했다.

- 동시성 코드 테스트에 관한 두 가지 중요한 원칙이 있다. 가정을 버리는 것, 즉 앱의 복원력을 보장하기 위해 발생해서는 안 되는 시나리오에 대한 테스트를 작성하는 것을 의미한다. 그리고 나무가 아닌 숲에 초점을 맞추는 것, 동시성 테스트를 할 때 예상한 부분과 예상하지 못한 부분을 높은 수준에서 재현할 수 있는 기능 테스트Functional Tests를 수행하는 것을 의미한다.
- 테스트에 대한 추가 조언: 버그를 수정할 때 항상 테스트를 작성한다. 보고되지 않은 곳에서 재현될 수 있는 버그인지 분석하고, 이러한 시나리오를 대비하기 위한 테스트를 작성한다. 복원력 요구사항을 복원력에 대한 설계와 테스

트의 일부로 고려한다. 분기 분석^branch analysis^을 이용해 다양한 조건에 대한 충분한 테스트가 진행되는지를 확인한다. 언제 기능 테스트를 작성하고 단위 테스트를 작성하는지를 배운다. 항상 인터페이스 뒤에 의존성을 숨긴다(투명하게 목^mock^을 제공할 수 있게 함으로써 테스트 과정에 도움을 준다). 인터페이스를 사용하는 잘 알려진 또 다른 이점은 의존성을 주입하고 기능의 새로운 구현을 쉽게 해주는 것이다.

- 로그를 보다 쉽게 분석하기 위해서 코틀린이 코루틴의 ID를 `Thread.current Thread().name`에 추가하기 위한 `-Dkotlinx.coroutines.debug` 디버그 플래그를 사용한다.

- 디버깅을 쉽게 하기 위해 항상 오래 지속되는 코루틴에는 이름을 지정한다. 짧은 시간 그리고 오래 지속되는 코루틴을 모두 테스트할 때 조건부 브레이크 포인트를 사용한다. 그렇게 하면 관심을 두고 확인하려는 코루틴에만 분석을 집중할 수 있다.

- 애플리케이션이 안정적인지 보장하기 위한 유일한 방법은 제대로 된 테스트를 진행하는 것이다. 애플리케이션의 품질을 기대하는 수준으로 맞추고 프로젝트에 진정한 가치를 더하기 위한 테스트를 작성하고 유지하는 것은 전적으로 개발자에 달려 있다.

코틀린을 사용해 동시성 애플리케이션 작성을 시작하기에 충분할 만큼 도움이 됐기를 바란다. 그러나 아직 여정은 끝나지 않았다. 효과적인 동시성 코드를 완벽하게 작성하려면 코틀린 동시성의 내부 동작을 이해해야 한다. 9장에서는 모든 수준의 동시성 코드를 이해할 수 있는 완전한 그림을 그릴 수 있으리라 본다. 이를 통해 배웠던 모든 것이 어떻게 작동되는지를 살펴보겠다.

09

코틀린의 동시성 내부

일시 중단 연산이 실제 어떻게 동작하는지 이해하는 것은 매우 중요하다. 컴파일러가 일시 중단 함수를 상태 머신[1]으로 변환하는 방법과 스레드 스위칭이 어떻게 발생하고 예외가 전파되는지 분석해본다.

9장에서 다룰 내용을 정리했다.

- 연속체 전달 스타일(CPS)과 일시 중단 연산과의 관계
- 코루틴이 바이트 코드로 컴파일될 때 사용되는 다양한 내부 클래스
- 스레드 전환 방법을 포함한 코루틴 차단interception의 흐름
- CoroutineExceptionHandler를 사용했을 때와 사용하지 않았을 때의 예외 전파

---

1 상태 머신은 코틀린 컴파일러가 연속체(Continuation)에 대한 각 상태를 나타내기 위해 생성한다. – 옮긴이

9장의 전반부에서는 컴파일러가 하는 작업을 모방해 일시 중단 함수를 변환해본다. 작성한 코드가 컴파일러가 생성한 바이트코드와 정확하게 일치하지는 않겠지만 실제 어떤 일이 일어나는지 충분히 이해할 수 있을 것이다.

 IDE에서 실행할 코드 예제는 포함돼 있지 않다. 이 장의 전반부는 컴파일러 작동을 표현하기 위해 의사 코틀린(pseudo Kotlin)[2]을 사용하며, 후반부는 코틀린의 내부 코드 중 일부를 설명한다.

▌ 연속체 전달 스타일

실제 구현된 일시 중단 연산은 연속체 전달 스타일CPS: Continuation Passing Style로 수행된다. 이 패러다임은 호출되는 함수에 연속체continuation를 보내는 것을 전제로 하고 있어, 함수가 완료되는 대로 연속체를 호출할 것이다. 연속체를 콜백callback으로 생각할 수 있다. 일시 중단 연산이 다른 일시 중단 연산을 호출할 때마다 완료 또는 오류가 생겼을 때 호출돼야 하는 연속체를 전달한다.

모든 일시 중단 연산은 연속체를 보내고 받도록 변환하는데 이러한 대부분의 복잡한 작업은 컴파일러가 수행한다. 앞으로 볼 테지만, 이는 일시 중단 함수의 실제 시그니처가 정의한 것과 같지 않음을 뜻한다. 뿐만 아니라 일시 중단 연산은 상태 머신으로 변환되는데, 상태를 저장하고 복구하며 한 번에 코드의 한 부분을 실행한다. 따라서 일시 중단 연산은 재개할 때마다 중단된 위치에서 상태를 복구하고 실행을 지속한다. CPS와 상태 머신이 결합하면 컴파일러는 다른 연산이 완료되기를 기다리는 동안 일시 중단될 수 있는 연산을 생성한다. 이 부분에 대해서 좀더 자세히 설명하겠다.

---

2 알고리즘을 작성할 때 코드를 간단하게 메모 혹은 말로 표현한 형태의 코드, 간단하게 알고리즘을 표현한 것 – 옮긴이

연속체

모든 것은 일시 중단 연산의 빌딩 블록이라고 볼 수 있는 연속체로부터 시작한다. 결국 일종의 패러다임이다. 연속체는 코루틴을 재개할 수 있다는 점에서 매우 중요하다. 명확하게 하기 위해 Continuation 인터페이스의 정의를 살펴보자.

```
public interface Continuation<in T> {
    public val context: CoroutineContext
    public fun resume(value: T)
    public fun resumeWithException(exception: Throwable)
}
```

인터페이스는 꽤 간단하다. 무엇이 정의돼 있는지 살펴보자.

- CoroutineContext는 Continuation과 함께 사용된다.
- resume() 함수는 T 값을 파라미터로 갖는다. 이 값은 일시 중단을 일으킨 작업의 결과다. 따라서 해당 함수가 Int를 반환하는 함수를 호출하기 위해 일시 중지되면, T 값은 정수integer가 된다.
- resumeWithException() 함수는 예외의 전파를 허용한다.

연속체는 확장된 콜백에 가까우며 호출되는 컨텍스트에 대한 정보도 포함한다. 이번 장의 후반부에서 볼 수 있겠지만, 이 컨텍스트는 각 연속체가 특정 스레드 혹은 스레드 풀에서 실행되거나 예외 처리와 같은 다른 구성으로 실행되는 것(여전히 순차적으로)을 허용하기 때문에 설계 과정에서 매우 중요한 부분이다.

suspend 한정자

코틀린 팀의 구체적인 목표 중 하나는 동시성을 지원하기 위해 가능한 언어 변화를 작게 가져가는 것이었다. 대신, 코루틴 및 동시성의 지원에 따른 영향은 컴파일러, 표준 라이브러리, 코루틴 라이브러리에서 취하도록 했다. 언어 관점에서 관련된 유일한 변화는 suspend 한정자의 추가 부분이다. 한정자는 주어진 범위의 코드가 연속체를 사용해 동작하도록 컴파일러에게 지시한다. 일시 중단 연산이 컴파일될 때마다 바이트코드가 하나의 커다란 연속체가 된다. 다음 일시 정지 함수를 생각해보자.

```kotlin
suspend fun getUserSummary(id: Int): UserSummary {
    logger.log("fetching summary of $id")
    val profile = fetchProfile(id) // suspending fun
    val age = calculateAge(profile.dateOfBirth)
    val terms = validateTerms(profile.country, age) // suspending fun
    return UserSummary(profile, age, terms)
}
```

컴파일러는 getUserSummary()의 실행이 연속체를 통해서 발생할 것이라 말하고 있다. 그러므로 컴파일러는 getUserSummary()의 실행을 제어하기 위해 연속체를 사용할 것이다. 이 경우에는 함수가 두 번 일시 중지된다. 첫 번째는 fetchProfile()이 호출될 때이고, 이후 validateTerms()가 실행될 때다. 언제든지 IntelliJ IDEA 및 Android Studio를 사용해 함수의 일시 중단점을 볼 수 있다.

```kotlin
suspend fun getUserSummary(id: Int): UserSummary {
    logger.log("fetching summary of $id")
    val profile = fetchProfile(id)
    val age = calculateAge(profile.dateOfBirth)
    val terms = validateTerms(profile.country, age)
    return UserSummary(profile, age, terms)
}
```

 TIP 왼쪽에 있는 화살표는 일시 중단 함수 호출을 나타낸 것으로 일시 중단 지점을 보여준다.

함수는 세 단계로 진행된다. 먼저 함수가 실행되고 로그가 출력된 다음 fetchProfile() 호출이 일시 중지를 실행한다. fetchProfile()이 종료되면 함수는 사용자의 나이를 계산하고, 실행될 validateTerms()을 위해서 다시 일시 중지될 것이다. 마지막 단계는 기간이 검증되면 함수가 마지막에 재개되는 시점에 이전 단계의 모든 데이터가 사용자의 요약 정보를 생성하기 위해 사용된다.

상태 머신

컴파일러가 코드를 분석하면 (위에서 했던 같은 방식으로) 일시 중단 함수가 상태 머신으로 변환될 것이다. 일시 중단 함수가 현재의 상태를 기초로 해서 매번 재개되는 다른 코드 부분을 실행해 연속체로서 동작할 수 있다는 것이다.

라벨

좀더 쉽게 이해할 수 있도록 실행이 시작되는 부분과 실행이 재개될 수 있는 각 부분에 라벨을 포함해보자.

```kotlin
suspend fun getUserSummary(id: Int): UserSummary {
    // label 0 -> 첫 번째 실행
    logger.log("fetching summary of $id")
    val profile = fetchProfile(id)
    // label 1 -> 다시 시작
    val age = calculateAge(profile.dateOfBirth)
    val terms = validateTerms(profile.country, age)
    // label 2 -> 다시 시작
    return UserSummary(profile, age, terms)
}
```

코드의 어떤 부분을 실행하는지를 나타내는 라벨을 받을 수 있다고 가정해보자. 그런 다음 when 구문을 작성해서 실행할 코드를 분리할 수 있다.

```
when(label) {
    0 -> { // Label 0 -> 첫 번째 실행
        logger.log("fetching summary of $id")
        fetchProfile(id)
        return
    }
    1 -> { // label 1 -> 다시 시작
        calculateAge(profile.dateOfBirth)
        validateTerms(profile.country, age)
        return
    }
    2 -> // label 2 -> 다시 시작 및 종료
    UserSummary(profile, age, terms)
}
```

 이 코드와 함께 9장에서 나올 많은 코드들은 생성된 바이트 코드의 단순화된 표현이며, 일부는 의사 코틀린이다. 필자의 의도는 컴파일러가 생성한 바이트코드를 유효한 코틀린으로 변환하기보다, 어떻게 작동하는지에 대한 정확한 아이디어를 제공에 초점을 두고 있다.

연속체

다른 지점에서 실행을 재개할 수 있는 기본 함수가 생겼으며, 이제 함수의 라벨을 나타내기 위한 방법을 찾아야 한다. 이 부분이 연속체가 주목 받는 부분이다. 함수의 시작점에 연속체 구현에 대해 언급했는데 동일한 함수에서 간단히 어떤 호출을 콜백으로 리다이렉트하는 것이다.

재개하려면 최소한 라벨이 있어야 한다. 이미 라벨 속성을 포함하는 연속체의 추상체를 구현하고 있는 CoroutineImpl의 구현을 만들어 본다. 구현해야 하는 CoroutineImpl의 유일한 추상 함수는 doResume()다.

```
suspend fun getUserSummary(id: Int): UserSummary {
    val sm = object : CoroutineImpl {
        override fun doResume(data: Any?, exception: Throwable?) {
            // TODO: 재개를 위해 getUserSummary 호출
        }
    }
}
```

파라미터로 Continuation<Any?>을 수신해야 한다. 그렇게 하면 다음과 같이 doResume()
이 getUserSummary()로 콜백을 전달할 수 있다.

```
suspend fun getUserSummary(id: Int,
        cont: Continuation<Any?>): UserSummary {
    val sm = object : CoroutineImpl {
        override fun doResume(data: Any?, exception: Throwable?) {
            getUserSummary(id, this)
        }
    }

    val state = sm as CoroutineImpl
    when(state.label) {
        ...
    }
}
```

 getUserSummary()에서 CoroutineImpl을 직접 받지 않는다. 호출하는 쪽에서도 재개될
수 있도록 getUserSummary()이 완료됐을 때 cont를 호출하고자 하기 때문이다. 호출자가
CoroutineImpl을 사용하지 않은 경우라면 호환성을 위해서 Continuation<Any?>를 받는 것
이 더 합리적이다.

콜백

라벨을 사용해 특정 시점에서 재개할 수 있게 됐으며 getUserSummary()로부터 호출된 다른 일시 중단 함수가 CoroutineImpl을 전달받도록 수정해야 한다. 우선 getUserSummary()에서 했던 것과 마찬가지로 fetchProfile()과 validateTerms()가 Continuation<Any?>를 수신하고 실행이 완료된 시점에 doResume()이 호출되도록 수정했다고 가정해보자. 그러면 다음처럼 호출할 수 있다.

```
when(state.label) {
    0 -> { // Label 0 -> 첫 번째 실행
        logger.log("fetching summary of $id")
        fetchProfile(id, sm)
        return
    }
    1 -> { // label 1 -> 다시 시작
        calculateAge(profile.dateOfBirth)
        validateTerms(profile.country, age, sm)
        return
    }
    2 -> // label 2 -> 다시 시작 및 종료
        UserSummary(profile, age, terms)
}
```

fetchProfile()과 validateTerms()의 실행이 끝날 때마다 수신하는 연속체를 호출하는 방법으로 getUserSummary()에 구현된 연속체를 호출해 실행을 재개하도록 한다.

라벨 증분

그러나 현재 라벨을 실제로 증가시키지는 않으므로 함수가 라벨 0에서 반복될 것이다. 다른 일시 중단 함수를 호출하기 전에 라벨이 증분돼야 한다.

```
when(state.label) {
    0 -> { // Label 0 -> 첫 번째 실행
        logger.log("fetching summary of $id")
        sm.label = 1
        fetchProfile(id, sm)
        return
    }
    1 -> { // label 1 -> 다시 시작
        calculateAge(profile.dateOfBirth)
        sm.label = 2
        validateTerms(profile.country, age, sm)
        return
    }
    2 -> // label 2 -> 다시 시작 및 종료
        UserSummary(profile, age, terms)
}
```

 기본적으로 CoroutineImpl에서 label의 값은 0이다. 또한 다음 코드를 위해 값을 설정하는 것이지 현재 코드를 위해 설정하는 것이 아니라는 점을 알아야 한다.

다른 연산으로부터의 결과 저장

현재 다른 일시 중단 함수의 결과는 저장하지 않았다. 이를 위해서는 상태 머신의 완전한 구현이 필요한데 CoroutineImpl을 기본으로 사용한다면 쉽게 될 수 있다. 이때 함수 외부에 private 클래스를 만들 수 있다.

```
private class GetUserSummarySM: CoroutineImpl {

    var value: Any? = null
    var exception: Throwable? = null
    var cont: Continuation<Any?>? = null
    val id: Int? = null
```

```kotlin
    var profile: Profile? = null
    var age: Int? = null
    var terms: Terms? = null

    override fun doResume(data: Any?, exception: Throwable?) {
        this.value = data
        this.exception = exception
        getUserSummary(id, this)
    }
}
```

여기서 아래와 같이 작업을 수행했다.

- 함수에 존재하는 모든 변수(id, profile, age, terms)를 클래스에 매핑했다.
- doResume() 안에 호출자에 의해 반환되는 데이터를 저장하기 위한 값을 추가했다.
- doResume()로 보내질 수 있는 예외를 저장하기 위한 값을 추가했다.
- getUserSummary() 실행이 처음 시작될 때 보내진 초기 연속체를 저장하기 위한 값을 추가했다.

함수를 업데이트해 클래스를 사용하고, 사용할 수 있는 속성을 설정할 수 있다.

```kotlin
val sm = cont as? GetUserSummarySM ?: GetUserSummarySM()

when(sm.label) {
    0 -> { // Label 0 -> 첫 번째 실행
        sm.cont = cont
        logger.log("fetching summary of $id")
        sm.label = 1
        fetchProfile(id, sm)
        return
    }
    1 -> { // label 1 -> 다시 시작
        sm.profile = sm.value as Profile
```

```
        sm.age = calculateAge(sm.profile!!.dateOfBirth)
        sm.label = 2
        validateTerms(sm.profile!!.country, sm.age!!, sm)
        return
    }
    2 -> {// label 2 -> 다시 시작 및 종료
        sm.terms = sm.value as Terms
        UserSummary(sm.profile!!, sm.age!!, sm.terms!!)
    }
}
```

코드에는 여러 가지 중요한 것들이 있다.

- cont가 GetUserSummarySM의 인스턴스인지 확인한다. GetUserSummarySM의 인스턴스라면 그 상태로 사용하고, 그렇지 않으면 그건 함수의 초기 실행을 의미하는 것이므로 새로운 것이 생성된다.
- 첫 번째 라벨의 일부로서 상태 머신에 현재 cont를 저장한다. 이후에 getUserSummary()의 호출자를 재개하기 위해 사용된다.
- 두 번째와 세 번째 라벨은 sm.value을 마지막 작업의 결과로 캐스팅하고 상태 머신의 정확한 변수에 저장하는 것으로 시작한다.
- 상태 머신으로부터 직접 전달받은 모든 변수들을 사용한다.

일시 중단 연산의 결과 반환

이제 상태 머신은 요구되는 거의 모든 것을 할 수 있다. 여기서 누락된 가장 큰 부분은 실제로 어떤 식이든 작업의 결과를 반환해야 한다는 것이다. CPS를 사용하기 때문에 전통적인 방식으로 값을 반환하지는 않는다. 결과를 보내는 콜백으로서 전달받게 되는 첫 번째 연속체를 사용한다. 다음은 에러 처리만 제외된 구현이 완전해진 코드다.

```
suspend fun getUserSummary(id: Int, cont: Continuation<Any?>) {

    val sm = cont as? GetUserSummarySM ?: GetUserSummarySM()

    when(sm.label) {
        0 -> { // Label 0 -> 첫 번째 실행
            sm.cont = cont
            logger.log("fetching summary of $id")
            sm.label = 1
            fetchProfile(id, sm)
            return
        }
        1 -> { // label 1 -> 다시 시작
            sm.profile = sm.value as Profile
            sm.age = calculateAge(sm.profile!!.dateOfBirth)
            sm.label = 2
            validateTerms(sm.profile!!.country, sm.age!!, sm)
            return
        }
        2 -> {// label 2 -> 다시 시작 및 종료
            sm.terms = sm.value as Terms
            sm.cont!!.resume(UserSummary(sm.profile!!, sm.age!!,
            sm.terms!!))
        }
    }
}
```

결과를 반환하기 위해 **sm.cont**를 콜백으로 사용할 뿐만 아니라 함수로부터의 유형 반환도 제거됐다. 하지만 일시 중단 함수의 시그니처는 실제로는 **Any?**를 반환한다는 것을 나타내는데, 이는 일시 중단 연산이 일시 중단이 발생했음을 나타내는 COROUTINE_SUSPENDED 값을 반환하거나, 일시 중지되지 않았을 때 직접 결과를 반환할 수 있어서 존재한다. 단지 주어진 조건에서만 일시 중단되는 일시 중단 함수를 상상해보자. 조건이 일어나지 않았다면 함수는 일시 중지할 필요가 없고, 대신 결과를 직접 반환할 수 있다.

실제 바이트 코드에서는 getUserSummary()는 일시 중단 함수가 COROUTINE_ SUSPENDED를 반환하는 경우에만 일시 중지하며, 그렇지 않으면 함수의 결과를 예상된 유형으로 캐스팅(이 경우 Profile과 Terms)하고 다음 라벨을 계속 실행한다. 불필요한 일시 중단이 발생하지 않는다는 것을 보장한다.

▌ 컨텍스트 전환

코루틴은 처음 시작한 컨텍스트가 아닌 다른 컨텍스트에서 다시 시작할 수 있다는 한 가지 특징이 있다. CoroutineContext는 사용할 스레드와 스레드 풀에 대한 것뿐만 아니라 예외 처리와 같은 또 다른 중요한 구성을 포함할 수 있다.

이전 절의 초반부에서 봤듯이 Continuation 인터페이스는 CoroutineContext가 연속체 내부에 저장돼야 한다는 것을 정의하고 있다. 실행하는 도중에 연속체를 시작하거나 재개할 때 컨텍스트 사용이 가능하도록 보장한다. 스레드를 전환하기 위해서 컨텍스트가 어떻게 설정되는지 살펴보자.

스레드 전환

컨텍스트에 따라 어떻게 코루틴이 실행되는지 이해하려면 이제 소개할 하나의 인터페이스와 두 개의 클래스를 기억하자.

ContinuationInterceptor

CoroutineContext는 고유한 키와 함께 저장되는 서로 다른 CoroutineContext.Element를 가지는 맵처럼 동작한다. 이러한 요소들 중 하나는 인터페이스 ContinuationInterceptor에 의해 정의된다. 다음 코드를 보자.

```
public interface ContinuationInterceptor : CoroutineContext.Element {
    companion object Key : CoroutineContext.Key<ContinuationInterceptor>
    fun <T> interceptContinuation(cont: Continuation<T>): Continuation<T>
}
```

키와는 별도로 연속체를 취하고 다른 연속체를 반환하는 함수만 정의한다는 것에 주목한다.

ContinuationInterceptor의 구현은 수신된 연속체을 올바른 스레드가 사용되도록 보장하기 위해 다른 연속체으로 랩핑하는 것이다.

CoroutineDispatcher

CoroutineDispatcher는 CommonPool, Unconfined 및 DefaultDispatcher와 같이 제공된 모든 디스패처의 구현을 위해 사용되는 ContinuationInterceptor의 추상 구현체다. 다음 코드를 보자.

```
public abstract class CoroutineDispatcher :
        AbstractCoroutineContextElement(ContinuationInterceptor),
        ContinuationInterceptor {

    open fun isDispatchNeeded(context: CoroutineContext): Boolean = true
    abstract fun dispatch(context: CoroutineContext, block: Runnable)
    override fun <T> interceptContinuation(continuation: Continuation<T>):
        Continuation<T> = DispatchedContinuation(this, continuation)
    public operator fun plus(other: CoroutineDispatcher) = other
    override fun toString(): String = "$classSimpleName@$hexAddress"
}
```

클래스는 DispatchedContinuation을 반환하는 interceptContinuation()을 위한 구현을 제공한다. 또한 컨텍스트와 Runnable을 가지는 추상 함수인 dispatch()를 정의한다. Runnable은 단일 run() 함수를 가지는 인터페이스의 예상된 선언Expected declarations이다.

```
public expect interface Runnable {
    public fun run()
}
```

 예상된 선언은 멀티 플랫폼 프로젝트를 지원하기 위해 코틀린 1.2버전에서 추가됐다. expect 키워드로 각 플랫폼상에서 구현될 클래스, 인터페이스, 함수 등을 지원하는 API를 정의할 수 있다. 여기서 볼 수 있듯이 각 플랫폼은 예상된 시그니처에 맞기만 하면, 자체 구현을 가질 수 있다.

당연히 실제 JVM을 위한 구현은 java.lang.Runnable이다.

```
public actual typealias Runnable = java.lang.Runnable
```

 예상 선언의 구현은 actual 키워드로 표시된다. 코틀린의 Runnable 인터페이스는 JVM 안의 자바 실행과 매핑돼 있다.

DispatchedContinuation을 살펴보기 전에 dispatch 함수의 구현 중 일부를 알아둬야 한다. dispatch() 함수는 필요한 때 실제로 스레드를 강제로 전환할 수 있는 함수라는 점을 명심하자.

 isDispatchNeeded() 함수는 dispatch() 전에 호출되며, false를 반환하면 프레임워크는 dispatch()를 호출하지 않을 것이다. 대신 코드가 실행 중인 어떤 스레드에 있든지 간에 (기본적으로 체인의 이전 연속체의 스레드와 같은 스레드) Continuation의 재개를 허용할 것이다.

CommonPool

 원문에서의 CommonPool은 코루틴 0.26.0에서 deprecated됐으며, 번역하는 시점에는 Dispatchers.Default를 사용한다. 하지만 스레드 전환을 이해하기 위한 목적이기 때문에, 원문의 내용을 그대로 옮겼다. – 옮긴이

isDispatchNeeded()가 CommonPool에서 재정의되지 않아서 항상 true를 반환한다는 것을 언급할 필요가 있다. dispatch() 함수는 연속체를 재개할 때 항상 호출되고, 이 시점에 Runnable 블록이 풀을 사용해 실행된다. CommonPool에 있는 dispatch()의 구현을 살펴보자.

```
override fun dispatch(context: CoroutineContext, block: Runnable) =
    try {
        (pool ?: getOrCreatePoolSync())
            .execute(timeSource.trackTask(block))
    } catch (e: RejectedExecutionException) {
        timeSource.unTrackTask()
        DefaultExecutor.execute(block)
    }
```

JVM에서의 풀은 java.util.concurrent.Executor의 인스턴스이며, java.util.concurrent.ForkJoinPool을 사용하거나 Executor의 newFixedThreadPool()을 사용해 생성된다. 강조 표시된 execute() 호출은 스레드 풀에서 블록을 실제로 실행하는 부분이다.

 SecurityManager가 있거나 ForkJoinPool을 사용하려고 할 때 오류가 발생하면 newFixedThreadPool()가 사용된다.

300

Unconfined

Unconfined는 특정 스레드나 스레드 풀 사용을 강제하지 않아서, 먼저 이 부분이 필요하지 않도록 isDispatchNeeded()에 재정의해야 한다.

```
override fun isDispatchNeeded(context: CoroutineContext): Boolean = false
```

실제로 무언가를 전달하려고 하면 예외가 발생한다.

```
override fun dispatch(context: CoroutineContext, block: Runnable) {
    throw UnsupportedOperationException()
}
```

안드로이드 UI

 원문에서의 UI 디스패처는 코루틴 0.30.1에서 새로 추가된 Dispatchers.Main을 사용하도록 변경됐다. 하지만 스레드 전환을 이해하기 위한 목적이므로, 원문의 내용을 그대로 옮겼다. – 옮긴이

안드로이드의 UI 디스패처에는 다소 흥미로운 구현이 있다. 먼저 android.os.Handler와 name을 갖는 HandlerContext 클래스가 있다. dispatch 함수는 Runnable을 핸들러의 post() 함수로 간단히 전달한다.

```
public class HandlerContext(
    private val handler: Handler,
    private val name: String? = null
) : CoroutineDispatcher(), Delay {

    override fun dispatch(context: CoroutineContext, block: Runnable) {
        handler.post(block)
```

```
        }
    }
```

그러면 UI라는 인스턴스가 생성된다. 주 루퍼^{Main Looper}와 UI라는 이름을 생성자에 전달한다.

```
val UI = HandlerContext(Handler(Looper.getMainLooper()), "UI")
```

 TIP 실제로 isDispatchNeeded()를 재정의해야 하는 유일한 디스패처는 Unconfined다. 다른 디스패처들은 스레드 혹은 스레드 풀을 사용하도록 해야 한다.

DispatchedContinuation

위에서 언급했듯이 CoroutineDispatched 내의 interceptContinuation 구현은 DispatchedContinutation을 반환한다. 이는 Continuation<T>와 CoroutineDispatched로 구성된 클래스다. 우선 생성자와 구현하는 인터페이스부터 살펴보자.

```
internal class DispatchedContinuation<in T>(
    @JvmField val dispatcher: CoroutineDispatcher,
    @JvmField val continuation: Continuation<T>
) : Continuation<T> by continuation, DispatchedTask<T> {
    ...
}
```

생성자에는 디스패처와 연속체가 필요하며, Continuation<T>와 DispatchedTask<T>를 모두 구현한다. 연속체와 디스패처가 모두 연결되는 지점은 resume()과 resumeWithException()에 존재한다.

```
    override fun resume(value: T) {
        val context = continuation.context
        if (dispatcher.isDispatchNeeded(context)) {
            _state = value
            resumeMode = MODE_ATOMIC_DEFAULT
            dispatcher.dispatch(context, this)
        } else
            resumeUndispatched(value)
    }

    override fun resumeWithException(exception: Throwable) {
        val context = continuation.context
        if (dispatcher.isDispatchNeeded(context)) {
            _state = CompletedExceptionally(exception)
            resumeMode = MODE_ATOMIC_DEFAULT
            dispatcher.dispatch(context, this)
        } else
            resumeUndispatchedWithException(exception)
    }
```

보다시피 구현의 중요한 부분은 여기 있다. resume 혹은 resumeWithException()이 호출
될 때마다 DispatchedContinuation은 디스패처를 사용한다.

DispatchedTask

여전히 메워야 할 부분이 있다. CoroutineDispatcher는 CoroutineContext와 Runnable을
필요로 하는 dispatch()을 정의한다. 시그니처는 다음과 같다.

```
public abstract fun dispatch(context: CoroutineContext, block: Runnable)
```

방금 위에서 봤듯이 DispatchedContinuation는 Runnable인 자신^{this}을 어떻게 전송할까?
여기 코드의 일부분이 있다.

```
dispatcher.dispatch(context, this)
```

앞에서 언급했듯이 DispatchedContinuation은 또한 DispatchedTask를 구현한다. 인터페이스는 연속체에 있는 resume()과 resumeWithException()을 트리거할 수 있는 run()의 기본 구현을 추가하는 것으로 Runnable을 확장한다. 다음은 이와 관련된 코드다.

```
public override fun run() {
    try {
        val delegate = delegate as DispatchedContinuation<T>
        val continuation = delegate.continuation
        val context = continuation.context
        val job = if (resumeMode.isCancellableMode) context[Job] else null
        val state = takeState()
        withCoroutineContext(context) {
            if (job != null && !job.isActive) {
                continuation.resumeWithException(
                job.getCancellationException())
            } else {
                val exception = getExceptionalResult(state)
                if (exception != null) {
                    continuation.resumeWithException(exception)
                } else {
                    continuation.resume(getSuccessfulResult(state))
                }
            }
        }
    } catch (e: Throwable) {
        throw DispatchException("Unexpected exception running $this", e)
    }
}
```

 withCoroutineContext()는 resume()이 호출되기 전에 호출된다. CoroutineContext의 일부분인 모든 요소들이 실행되기 전에 설정되도록 보장한다.

정리

스레드 전환의 작동 방식을 다시 한번 정리해보자. 모든 부분을 설명했으며 몇 개의 문장으로 요약할 수 있다.

초기 Continuation은 DispatchedContinuation으로 감싸여 있다. 여전히 Continuation이지만 Unconfined를 제외한 경우에, 필요에 따라 CoroutineDispatcher로 전달할 수 있다. CoroutineDispatcher는 요구사항에 적합한 어떤 실행자든지 사용하게 되며 DispatchedTask를 전송한다. DispatchedTask는 Runnable로서, withCoroutineContext()를 사용하는 적절한 컨텍스트를 설정하고, DispatchedContinuation으로부터 resume()와 resumeWithException() 함수를 호출한다.

따라서 실제 스레드 변경 작업은 CoroutineDispatcher에서 일어나지만, 실행 전에 연속체를 가로챌 수 있는 전체 파이프라인 덕분에 가능한 것이다.

예외 처리

8장에서 보았듯이 코루틴 내부에 발생하는 예외 처리를 위해 CoroutineExceptionHandler를 사용하는 것이 가능하다. 코루틴에서 어떻게 예외가 전파되는지 알아보자.

handleCoroutineException() 함수

예외가 발생할 때마다 handleCoroutineException() 함수로 다시 보내진다. 다음 코드를 보자.

```
public fun handleCoroutineException(context: CoroutineContext, exception:
Throwable) {
    try {
        context[CoroutineExceptionHandler]?.let {
        it.handleException(context, exception)
        return
```

```
        }
        if (exception is CancellationException) return
            context[Job]?.cancel(exception)
            handleCoroutineExceptionImpl(context, exception)
    } catch (handlerException: Throwable) {
        if (handlerException === exception) throw exception
        throw RuntimeException(
            "Exception while trying to handle coroutine exception",
            exception).apply {
            addSuppressedThrowable(handlerException)
        }
    }
}
```

코드의 다른 부분을 상세히 살펴보고 분석해보자.

CoroutineExceptionHandler

handleCoroutineException()의 첫 번째 부분은 CoroutineContext에 있는 Coroutine ExceptionHandler를 찾는 부분이다. 찾게 되면 handleException() 함수가 호출되며, 컨텍스트와 예외를 모두 전달한다.

```
context[CoroutineExceptionHandler]?.let {
    it.handleException(context, exception)
    return
}
```

handleCoroutineException()의 실행은 handleException()이 호출된 후 return으로 인해 멈추게 될 것이다.

CancellationException

CancellationException은 코루틴을 취소하는 데 사용되기 때문에 무시된다. 이것은 return을 호출해 완료된다.

```
if (exception is CancellationException) return
```

잡 취소

다음 단계는 잡^{Job}의 실행을 취소하는 것이다. CoroutineContext에 잡이 존재하면, 해당 cancel() 함수가 호출된다.

```
context[Job]?.cancel(exception)
```

플랫폼별 로직

마지막으로 handleCoroutineExceptionImpl() 함수가 호출된다. 함수는 예상 선언^{expected declaration}이므로 구현 방식은 플랫폼별로 다를 수 있다. 함수는 다음과 같이 선언한다.

```
internal expect fun handleCoroutineExceptionImpl(
    context: CoroutineContext,
    exception: Throwable
)
```

JVM

JVM을 위한 구현은 다음과 같다.

```
internal actual fun handleCoroutineExceptionImpl(
        context: CoroutineContext,
        exception: Throwable) {
    ServiceLoader.load(CoroutineExceptionHandler::class.java)
        .forEach { handler ->
            handler.handleException(context, exception)
        }
    val currentThread = Thread.currentThread()
```

```
          currentThread.uncaughtExceptionHandler
               .uncaughtException(currentThread, exception)
    }
```

ServiceLoader를 사용하는 예외 처리를 찾고 예외를 발견할 수 있는 모든 대상에게 전달한다. 또한 현재 스레드의 핸들러로 예외를 전달한다.

JavaScript

JavaScript에서는 간단히 예외를 로그로 출력할 수 있다.

```
internal actual fun handleCoroutineExceptionImpl(context: CoroutineContext,
        exception: Throwable) {
    console.error(exception)
}
```

▌ 요약

코루틴이 실제로 어떻게 작동하는지에 대해 가장 중요한 세부사항을 배웠다. 컴파일러를 대신해서 일시 중단 함수를 상태 머신으로 변환했다. 또한 코루틴이 스레드를 변경하기 위해(또는 변경하지 않기 위해) 어떻게 개입하는지, 어떻게 예외가 전파되는지를 이해하기 위해 큰 덩어리의 코틀린 코드를 분석했다. 기억해야 할 몇 가지 사항을 정리했다.

- 일시 중단 연산은 상태 머신으로 변환되며 CPS의 사용을 통해 다른 일시 중단 함수를 위한 콜백이 된다.
- 코틀린 언어는 코루틴을 지원하기 위한 최소한의 변화만 있었다. 작업의 대부분은 컴파일러나 코루틴 라이브러리를 통해서 완료됐다.

- 연속체[Continuations]는 런타임에 DispachedContinuations으로 감싸인다. Coroutine Dispatcher이 코루틴이 시작되거나 재개될 때 가로채는 것을 허용한다. 이때 스레드가 강제로 적용되는데 UNCONFINED의 경우는 예외다.
- CoroutineContext가 CoroutineExceptionHandler가 없고, 포착되지 않은 예외[uncaught exception]가 CancellationException이 아니라면, 설사 있다 하더라도 프레임워크는 플랫폼별로 예외를 처리하기 위한 코드를 허용하고 잡[Job]을 취소한다.
- 자바스크립트에서 플랫폼별 예외 처리는 간단히 예외 로그를 남기는 것이다.
- JVM에서는 ServiceLoader를 사용해 CoroutineExceptionHandlers를 찾으려고 한다. 발견된 모든 핸들러는 예외 알림을 받는다. 이후 JVM 구현인 handleCoroutineExceptionImple()은 현재 스레드의 uncaughtExceptionHandler로 예외를 전달하게 된다.

| 찾아보기 |

ㄱ

경합 조건 199
교착 상태 51
기능 테스트 264

ㄴ

넌 블로킹 54
넌 블로킹 퓨처 76

ㄷ

데드락 199, 265
동시성 36
디스패처 128, 151

ㄹ

라이브 락 53
람다 일시 중단 60
레이스 컨디션 47, 199, 265
리사이클러 뷰 219

ㅁ

명령형 110
뮤텍스 59

ㅂ

버퍼드 채널 208
변경 불가능한 목록 112
복원력 282
분기 분석 266

ㅅ

산출 167
순환적 의존성 51
스레드 29
스레드 풀 114
스레드 한정 59
시퀀스 166

ㅇ

액터 59
언버퍼드 채널 206
에지 케이스 261
예외 처리기 128
원자성 위반 199, 265
원자성 작업 49
이터레이터 166
일시 중단 람다 143
일시 중단 연산 59
일시 중단 피보나치 180
일시 중단 함수 125, 127

ㅈ

작업자 풀 59
잡 99

ㅊ

채널 58, 200
최종 상태 112
취소 불가 128

ㅋ

커버리지 보고서 266
코루틴 30
코루틴 디스패처 61
코루틴 빌더 61
코루틴 컨텍스트 128

ㅍ

파이어-앤-포겟 79, 99
프로듀서 166
프로세스 28
플랫 맵 115

ㅎ

해피 패스 269
협업 동시성 227

A

Actors 59
atomicity violations 265
Atomicity violations 199
atomic operations 49

B

branch analysis 266
Buffered channels 208

C

Channel 200
Channels 58
circular dependencies 51
collaborative concurrency 227
ConflatedChannel 211
coroutine builder 61
Coroutine Context 128
CoroutineDispatcher 75
coverage report 266
CPU 바운드 43

D

deadlock 265
Deadlocks 199
dispatcher 128
Dispatcher 151

E

edge cases 261
elementAt 177
elementAtOrElse 177
elementAtOrNull 178
exception handlers 128

F

final state 112
fire and forget 79, 99
flat map 115
Functional Tests 264

H

Happy path 269

I

immutable list 112
imperative 110
I/O 바운드 44

M

Mutexes 59

N

non-blocking cancellable future 76
Non-cancellable 156
non-cancellables 128

P

producer 166

R

Race conditions 199
recycler view 219
Resiliency 282

S

Suspendable iterator 166
Suspendable sequence 166
Suspending computations 59
suspending function 125
suspending lambda 143

T

Thread confinement 59

U

Unbuffered channels 206

W

Worker pools 59

Y

yielding 167

코틀린 동시성 프로그래밍

예제로 배우는 코틀린 동시성

발 행 | 2020년 5월 29일

지은이 | 미구엘 엔젤 카스티블랑코 토레스
옮긴이 | 강 인 호 · 김 동 후

펴낸이 | 권 성 준
편집장 | 황 영 주
편 집 | 조 유 나
　　　　김 진 아
디자인 | 윤 서 빈

에이콘출판주식회사
서울특별시 양천구 국회대로 287 (목동)
전화 02-2653-7600, 팩스 02-2653-0433
www.acornpub.co.kr / editor@acornpub.co.kr

한국어판 © 에이콘출판주식회사, 2020, Printed in Korea.
ISBN 979-11-6175-422-2
http://www.acornpub.co.kr/book/concurrency-kotlin

이 도서의 국립중앙도서관 출판시도서목록(CIP)은 서지정보유통지원시스템 홈페이지(http://seoji.nl.go.kr)와
국가자료공동목록시스템(http://www.nl.go.kr/kolisnet)에서 이용하실 수 있습니다.(CIP제어번호: CIP2020021213)

책값은 뒤표지에 있습니다.